컨벤션산업론

김봉규 著

기문사
KIMOONSA
www.kimoonsa.co.kr

머리말

국제회의업은 국제회의시설업과 국제회의기획업으로 분류된다, 국제회의시설업은 대규모 관광수요를 유발하는 국제회의를 개최할 수 있는 시설을 설치 · 운영하는 업을 말하고 국제회의기획업은 대규모 관광수요를 유발하는 국제회의의 계획, 준비, 진행 등 필요한 업무를 행사주관자로부터 위탁받아 대행하는 업을 말한다.

국제회의업은 '국제회의용역업' 이라는 명칭으로 1986년에 관광진흥법상의 관광사업으로 신설되었는데 이를 관광사업으로 포함시킨 배경은 첫째, 국제사회의 발달에 따른 활발한 인적교류로 점차 국제회의의 규모가 확대되어 가고 있는 추세로 국제회의를 관광과 연계하여 발전 시키며 둘째, 86아시안게임, 88서울올림픽을 계기로 준비된 관광수용시설을 최대한 활용하고 보다 많은 대규모 관광객을 유치하여 관광수입을 증대하기 위해서 국제회의를 적극 유치하고 셋째, 국제회의업무를 효율적으로 수행하기 위해서는 회의의 계획 · 준비 등 제반 관련 업무에 관한 전문적 지식을 가진 전문 용역업체의 육성이 절실하다는 점 등을 들 수 있다.

1996년에 「국제회의 산업육성에 관한 법률」 이 제정됨으로써 우리나라의 국제회의산업이 비약적으로 발전하고 있는데 그에 따라 국제회의업의 역할도 크게 늘어날 것으로 예상된다. '98년에 관광진흥법을 개정하여 종전의 '국제회의 용역업' 을 '국제회의 기획업' 으로 명칭을 변경하고 '국제회의시설업' 을 추가하여 '국제회의업' 으로 확대되었다. 2005년에는 관광진흥법 개정을 통하여 국제회의업에 대한 문화관광부 장관 또는 시 · 도지사의 등록 권한을 각각 시 · 도지사 또는 시장 · 군수 · 구청장에게 이양하였다.

이제 우리나라는 국제회의 행사를 일과성 홍보용이 아닌 실로 국가 그리고 지역의 발전에 필수적인 요소로 인식하여 이에 대한 제반여건을 마련해 나가야 할 때라고 보며, 향후 국제회의 산업에 대한 발전과 국가적 차원의 관심은 더욱 증가할 것으로 보여진다.

본서가 국제회의 관련 분야에서 활약하시는 관광인이나 관광관련 학생들에게 하나의 지침서가 되었으면 한다.

저자는 그간의 연구내용을 토대로 학문과 실제에 도움이 될 수 있는 국제회의 교재를 만들어 보려고 부단히 노력하고 시도하였으나 이러한 본래의 뜻을 이루지 못하고 새로운 이론과 연구영역을 소개하는데 만족해야 하는 상황에서 아쉬움이 없지 않으나 이러한 점은 계속 연구하여 더 한층 충분한 내용을 갖추도록 최선을 다 하고자 하며, 동시에 은사님과 동학선배 여러분들과 독자 여러분들의 기탄 없는 고견을 받아 후일 다시 기필할 것을 기약하면서 이 소책자를 펴내는 바이다.

끝으로 본서가 나오기까지 무더운 여름에 컴퓨터 작업에 수고한 고석영 외래교수 그리고 원고 교정에 수고한 최병길 선생에게 감사한다.

특히, 본서 출판을 쾌히 승낙해 주신 도서출판 기문사 여러분께 깊은 감사를 드린다.

옥구캠퍼스에서

저자 씀

목차

제1부 컨벤션산업 일반

제 2 부 컨벤션 기획 · 실무

제5장 컨벤션유치 / 87

제6장 컨벤션 장소 및 시설 / 99

제7장 컨벤션 조직위원회 / 109

제8장 컨벤션 개최 준비사항 / 113

제9장 컨벤션 사후관리 / 157

〈부록〉

제 1 부

컨벤션산업 일반

제 1 장 컨벤션산업의 이해

제1절 컨벤션산업의 발전과정

1 컨벤션산업의 역사

국가간의 정치 · 경제적 상호교류의 확대로 인해 국제회의 산업은 고부가가치의 신종산업으로 부상하게 되었다. 국제회의는 사회적으로 공인된 단체가 주최하고 여러나라의 대표가 참가하는 정기적 또는 부정기적 회의로서 국제회의 개최가 한 국가나 지역에 미치는 경제적 · 사회적 영향은 매우 크다.

특히 경제적 관점에서 국제회의 참가자들은 회의기간과 전 · 후 관광을 포함해 일반 관광객들보다 장기간 체류하기 때문에 외화소비액이 일반관광객보다 많으므로 대규모 국제회의 개최시 막대한 외화수입을 올릴 수 있는 고부가가치적 산업으로 인식되고 있다.

국제회의 산업은 국민소득 증대 및 개최지 경제의 활성화, 고용창출뿐만 아니라 개최지의 이미지 고양, 최신정보 습득, 관련산업의 파급효과 등 여러 가지 측면에서 중요한 산업이라고 볼 수 있다. 또한 국제회의 개최로 인해 세계적인 산업동향 파악 및 수출입 상담 등을 통해 관광산업뿐만 아니라 타 산업에도 중요한 영향을 미치게 된다.

컨벤션분야가 하나의 산업으로 가장 먼저 정착한 곳은 유럽지역이다. 국제기구 및 본부의 65%가 소재하고 있는 유럽은 전세계 국제회의의 약 57%를 개최하는 등 세계 컨벤션산업의 중심인 것이다. 이러한 컨벤션의 역사적 배경은 로마시대의 체육행사에서

비롯되었다고 볼 수 있다(Powers, 1979. p.215).

그 후 유럽에서 국제회의는 근대 국가사회의 성립과 때를 같이하여 국제사회의 전반적 평화유지를 목적으로 비롯되었다. 이와 같은 국제 평화해결 방식으로서의 국제회의 효시는 30년 전쟁 후의 1648년 웨스트팔리아(Westphalia)회의라고 할 수 있으나 특징적으로 확립된 것은 1815년의 빈 회의이다(박영사 편집실, 1975, p.22). 이는 나폴레옹 몰락 후의 유럽사태를 처리하기 위해 영국, 오스트리아, 프러시아, 러시아 4개국이 동맹을 체결하기 위한 회의였다. 그 후 정기적으로 국제평화와 질서유지에 관한 협의를 계속함으로써 컨벤션 발전의 획기적인 전환점이 되었다.

그 후 상업화와 공업화의 진전으로 국제회의가 유럽지역 밖으로 파급되면서 그 규모와 기능이 점차 확대되었고 국가 간의 회의를 통하여 서로의 발전과 복리증진 그리고 국가간의 상호이해를 도모할 필요성이 대두되었다. 또한 제 1, 2차 세계대전을 거치는 동안 국제동맹, 국제연합과 같은 국제적 조직이 설립되면서 그 대상국이 범 세계적으로 확대되었으며 분야도 정치, 경제, 사회, 문화, 학술, 스포츠, 관광 등 전 분야에 걸쳐 이루어지게 되었다.

북미의 경우 1800년대 중반부터 업계, 전문가, 친목, 종교단체의 모임이 활발하게 일어나면서 협회를 중심으로 회의가 활성화되기 시작했다. 1896년부터 디트로이트 상공인들은 그들이 어느 도시에서 회의, 전시 등을 개최하든지 간에 그런 모임이 자신들의 사업에 큰 이익이 되고, 개최지역에게도 다양한 이득이 있음을 인식하기 시작했고, 오늘날 컨벤션 뷰로라고 알려진 조직을 최초로 디트로이트시에 설립하게 되었다. 이는 여러 단체들이 디트로이트에서 회의나 전시를 개최하도록 유치하는 전담기구로서의 기능을 수행하기 위함이었다. 이 같은 컨벤션 뷰로의 설치는 그 후 미국 전국 여러 도시에 생기게 되었다. 1914년에는 International Association of Convention and Visitors Bureaus(IACVB)가 설립되었고, 1972년에는 Hotel Sales and Marketing Association International이 설립되었다(Montgomery and Strick, 1995, p.7).

미국 컨벤션 산업의 급격한 성장과 발전에 영향을 끼친 것은 이같은 다양한 협회들의 발족이었으며 따라서 회의와 전시산업에 관련된 모든 정보를 중앙집중적으로 수집 · 관리 · 배포할 수 있는 기구가 필요하게 되었고 그리하여 1949년 Convention Liaison Council(CLC) {오늘날의 Convention Industry Council(CIC)}이 발족되었다(Montgomery and Strick, 1995, p.7).

한편 컨벤션 산업이 미국 내에 성장세에 있었으나 Holiday Inn, Sheraton, Hilton, Marriott, 그리고 Hyatt 같은 호텔체인이 들어서면서 비로소 호텔업계도 컨벤션의 중요성과 경제적 파급효과를 인식하기 시작했다. 1950년대에 들어서는 컨벤션과 전시산업을 촉진시키기 위해 회의전문 기획사와 회의주최측의 의견을 반영하여 전문적인 최신 회의시설들이 호텔에 들어서기 시작했다.

이같은 컨벤션 전문호텔들이 생기면서 컨벤션 전문 담당자(Convention Service Manager:CSM)가 호텔이나 컨벤션 센터 내에 필요하게 되었다. 시카고에 있는 Conrad Hilton 호텔의 영업사원이었던 Jim Collins가 이같은 전문인력의 필요성을 인식하기 시작했고, 1989년에 호텔의 컨벤션 서비스 전담자 전문협회(Association for Convention Service Management:ACOM)가 설립되었고, 같은 해에 미국 노동부가 회의 및 컨벤션 기획사를 새로운 직종으로 공인하게 되었다(Lofft, 1992).

역사적으로 회의, 컨벤션, 전시 산업은 대체로 환대산업(hospitality industry)의 변화를 그대로 반영해 왔다. 환대산업의 지출이 증가하면서 회의, 컨벤션 그리고 전시산업도 크게 성장하였고, 지난 30여년 동안 환대산업의 성장과 함께 중요성도 크게 인식되어 왔다. 이같은 성장배경에는 사람들이 얼굴을 맞대고 커뮤니케이션을 하고자 하는 필요와 욕구가 그 원동력으로 자리잡고 있다.

2 우리나라 컨벤션산업의 역사

우리나라 컨베션 역사는 구미 선진국의 경우와 비교해서 매우 짧다. 우리나라 회의의 시초는 1915년 4월 조선호텔에서 개최된 '전 조선 기자대회' 라고 할 수 있는데, 이

대회는 질과 양적 측면에서 오늘날과는 비교가 되지 않는 행사였다(임재일, 1996, p.7).

우리나라는 1965년 제14차 아시아 · 태평양 관광협회(Pacific-Asia Travel Association:PATA) 총회를 서울에서 치루어 내면서 관광산업에 대한 인식을 새롭게 하고 관광산업을 제도적으로 발전시키게 되는 하나의 전기를 맞게 되었다. 컨벤션 산업의 입장에서는 1979년 PATA 총회를 다시 개최하게 되면서 한국관광공사에 국제회의부(현 국제협력부: Convention & International Relations Department)를 설치하는 계기가 되었다. 그 이후 1982년 제8차 아세아 · 태평양 국제 잼버리 대회, 1983년 미국 관광업자협회(American Society of Travel Agents) 총회, IPU 총회, 1985년의 IBRD, IMF 총회 등이 개최되면서 우리나라에도 국제회의 산업의 육성을 향한 본격적인 노력이 경주되었다(한국관광공사, 1983, p.9).

특히, 1986년의 아시안 게임과 1988년 서울 올림픽의 성공적인 개최를 계기로 세계 속에서 한국의 지명도가 높아지게 되었으며 이 영향으로 국제회의 산업은 새로운 전기를 맞이하게 되었다. 또한 1996년 아시아 · 유럽 정상회의(ASEM) 유치를 계기로, 동 대회를 수용할 수 있는 최초의 회의 전문시설로서 KOEX가 COEX로 명칭이 바뀌면서 확장 되었고 ASEM 컨벤션 센터가 갖추어지게 되었다. 지난 2000년 10월 아시아 및 유럽의 26개국 정상과 그 수행원들이 모여서 제3차 ASEM 서울대회가 역사적으로 개최되면서 우리나라 컨벤션 산업은 본격적인 산업화 단계로 진입하게 되었다고 할 수 있다.

그럼 우리나라에서는 어떤 주제로 어떤 국제회의가 어디에서 누구 주관으로 개최되었는지 1960년대부터 1990년대까지의 기간에 개최된 회의를 요약 정리해 보자(이자형, 2000, pp.101~102).

1960년대는 우리나라가 일제의 식민지 시대에서 벗어나 경제적인 자립을 시작하는 시기이면서 민주적인 자립의 기반을 형성하는 시기이기도 하였다. 개최 건수가 상당히 적었지만 대부분의 회의가 가을과 봄에 집중되었으며 개최장소는 호텔이 대부분이었다. 개최기간도 1일 내지 2일로 짧은 기간에 개최된 것으로 국제회의의 모양을 갖추었으나 초기단계임을 추정해 볼 수 있다.

1960년대에 개최된 국제회의를 주제별로 살펴보면 경제관련 분야가 국제회의의 전체의 15.63%를 차지하면서 가장 많은 개최 건수를 보여주고 있다. 이것은 1962년 경제개발계획의 실행에 의한 결과라고 할 수 있을 것이다. 또한 한 · 미, 한 · 일 간의 국제관계를 통해 경제원조와 기술협력을 하였다는 정황은 주제별 국제회의 현황에서도 반영이 되어 국제관계 관련 회의가 12. 50%를 차지하였다. 다음으로 1차 산업의 농수산업을 주제로 한 국제회의가 7.81%로 많은 건수를 보이고 있다.

1970년대에는 개최 건수가 많이 증가하였으며 3일간 개최된 회의가 개최회의 현황에서 많은 비율을 차지하였다. 역시 개최기간으로는 시기상 가을인 9월, 10월과 함께 봄에 많은 개최 건수를 나타내고 있다. 대부분의 회의가 서울지역에 집중되었으며 장소 역시 호텔이 가장 많은 회의개최 장소로 꼽혔다.

이 시기의 국제회의를 주제별로 살펴보면 국제관계 관련 회의가 14.08%를 차지하였으며 다음으로는 경제 관련 회의가 많은 부분을 차지하고 있다. 이러한 결과는 이 시기에 경제개발 계획이 실시되었으며 박정희 대통령의 주요 정부정책이 경제발전이었기 때문인 것으로 추정할 수 있다. 80년대, 90년대와 비교했을 때 이 시대의 특징적인 것으로 국방, 통일, 반공에 관한 회의가 많았음을 볼 수 있는데 이것 역시 당시 박정희 대통령의 정책과정이 나타나 있다. 그 당시 경제발전과 함께 국방과 안보를 제2의 정부정책으로 표명했기 때문이다.

1980년대는 산업부문 관련 회의가 총 98건으로 전체의 10.06%를 차지하였으며 그 뒤를 이어 스포츠, 사회 · 복지 관련 회의, 경제 관련 회의가 많은 비중을 차지하였다. 1980년대는 60년, 70년대의 주요 회의 주제였던 1차 산업인 농수산업의 산업 구조에서 탈피해 2차, 3차 산업으로 대변되는 중화학 공업과 첨단 기술산업의 발전이 두드러지게 나타나면서 이 분야에 관한 회의가 많이 개최되었다.

다음으로는 스포츠 관련 회의가 8. 93%로 높은 비율을 차지하고 있는데 이는 1986년 9월 20일~10월 5일에 열린 제10회 아시아 경기대회, 1988년 9월 17일~10월 2일 사이에 161개국이 참가한 제24회 서울 올림픽 대회, 서울 장애인 올림픽 대회 조직 위원회가 주최하고 61개국이 참가한 1988년 10월 15일~10월 24일 기간의 제8회 서울 장애인 올림픽 개최로 인한 영향이라 할 수 있겠다. 다음으로는 사회 · 복지관련 회의가 7.29%를 차지하고 있는데 이는 전두환 대통령 집권기인 80년대의 4대 지표 중 하나가 복지사회의 구현임을 살펴볼 때 추측할 수 있는 상황이라 할 수 있다.

1990년대에는 과학의 발달과 함께 컴퓨터와 전자통신 등 최첨단의 기술이 발달한 만큼 이에 관한 회의가 많이 개최되었다. 과학 · 기술 관련 분야 국제회의가 총 267건으로 15.39%를 자치하였다. 다음으로는 산업 관련 분야, 교육 · 학술, 의학 · 약학 그리고 경제 관련 회의가 많이 개최되었다. 또한 과학 · 기술과 산업의 발달로 인한 산물이라 할 수 있는 환경문제도 그 동안의 개최비율과 비교했을 경우 2.94%라는 높은 회의 건수를 기록하고 있다. 통신 · 전자, 우주항공, 해운 · 해양 개발과 같은 고기술 산업도 국제회의의 주제가 되었다.

지난 1998~2000년까지 3년간 주제별 국제회의 개최비율을 보면 과학 · 기술 관련 주제가 전체 국제회의 중 가장 큰 비중(25%)을 차지하고 있으며, 다음으로 예술 · 문화 · 교육에 관한 주제가 차지하고 있음을 알 수 있다(한국관광공사, 2000, p.9).

40여 년간 개최된 국제회의를 살펴보았을때 국제회의 산업과 국가발전 단계와는 많은 상관관계가 있음을 분석할 수 있다. 그렇다면 21세기 유망산업은 무엇일까?

많은 사람들이 향후 성장산업으로 정보통신 관련 분야, 환경, 그리고 교육과 관광 분야 등을 꼽는다. 우리가 컨벤션산업 선진국 대열에 합류하기 위해서는 정확한 정보의 데이터 베이스화, 국가발전과 국가정책 그리고 성장 가능한 컨벤션 개최 분야 등의 전망을 예측할 능력이 필요한 것이다.

그 일환으로 우리나라는 21세기의 국가 전략사업으로 국제회의 산업을 육성하기로 하였고, 1996년 12월 30일 '국제회의 산업육성에 관한 법률' 을 제정하였다. 또한 1999년 2월 8일 관광진흥법을 개정, 국제회의업을 국제회의 기획업과 국제회의 시설업으로 분류하였다.(http://www.mct.go.kr)

위에서 살펴본 데로 한 나라에서 수십년 동안 개최되었던 컨벤션은 곧 그 나라의 산업 발전단계를 반영하는 거울이다. 우리나라에서 개최된 국제회의의 변화과정은 그 당시 개최되었던 회의의 형태, 기간, 주제들을 통해 당대의 정치 · 경제 · 사회상을 엿보게 해주고 나아가 앞으로 개최해야 할 컨벤션의 방향과 특성을 예견케 해 준다. 따라서 국제적인 흐름에 충분한 대비를 하는 것이 국내 컨벤션 산업의 발전에 기여하리라고 본다.

제2절 컨벤션산업의 정의 및 특성

1 컨벤션산업의 정의

컨벤션의 개념은 사용하는 기준에 따라 다양하게 정의되고 있다.

컨벤션의 정의는 용어자체가 convention, conference, congress 등 다양하게 사용되고 있으며 개념적으로 구분한다.

일반적으로 "컨벤션"은 공인된 단체가 정기 또는 부정기적으로 주최하며 세계 각 국에서 참가하는 회의라 정의를 내릴 수 있다.

컨벤션을 한 마디로 정의하기는 매우 어렵지만, 다각적인 관점에서 살펴보면 다음과 같다.

1) 사전적 정의

국제적 이해에 관한 사항을 심의, 결정하기 위하여 열리는 공식적인 회의로 정의된다. 동시통역 시설을 갖춘 대규모 회의장이나 연회장, 전시장 등의 전용 컨벤션(대회 또는 회의) 시설을 갖추고 대규모 국제회의나 전시회를 유치하는 산업. 이 사업은 호텔업, 항공업, 운송업, 유통업, 식음료업 등 관련산업의 동반 발전을 가져와 회의개최지역의 경제발전이 기대되는 미래형 무공해 고부가가치 산업이다.

2) 국 · 내외 협회 및 단체의 정의

(1) 국제협회연합(UIA: Union of International Association)

UIA에서는 "국제기구가 주최 또는 후원하는 회의이거나 국제기구에 가입한 국내단체가 주최하는 국제적 규모의 회의"로 정의하고 참가자 300명 이상에 외국인은 40% 이상, 참가국은 5개국 이상에 3일 이상의 회의 일수 등의 조건을 만족시켜야 국제회의로 규정하고 있다. 단, 대규모 범 정부간 국제기구 본부가 소재 한 뉴욕, 제네바 등에서 개최되는 회의는 제외하고 있다.

(2) 세계국제회의전문협회(ICCA : International Congress and Convention Association)

정기적인 회의로 참가국 5개국 이상, 참가자수는 300명 이상 규모와 전체 참가자 중 외국인 비율이 40% 이상, 3일 이상의 회의기간을 갖춘 회의를 국제회의라고 정의한다. 사전에 계획된 모임으로서 최소 6시간 이상, 최소 25명 이상이 참석하여 정해진 순서에 따라 진행되는 모임이라고 개념을 정의하고 있다.

(3) 아시아국제회의협회(AACVB : Asian Association of Convention and Visitor Burean)

2개 대륙이상에서 참가하는 회의를 국제회의, 동일대륙에서 2개국 이상의 국가가 참가하는 지역회의로 정의하며, 전체 참가자 중 외국인이 10% 이상이고 방문객이 1박 이상을 상업적 숙박시설을 이용하여야 한다.

(4) 한국관광공사

국제기구본부에서 주체하거나 국제단체가 주관하는 회의 중 참가국 5개국 이상, 외국인 참가자수 100명 이상, 회의기간 3일 이상인 회의를 국제회의로 정의한다.

(5) 한국 국제회의 육성에 관한 법률

5개국 이상의 외국인이 참가하고, 참가자수는 300명 이상으로 대통령령이 정하는 종류와 규모에 해당하는 것으로 세미나, 토론회, 학술대회, 심포지엄, 전시회 · 박람회, 기타 회의 등으로 구분한다.

3) 여러 학자의 정의

(1) 최승이 · 한광종

컨벤션은 모임 또는 그 자체에 중점을 둔 반면, 국제회의는 참가국과 참가자수에 중점을 둔 개념임을 지적하고 참가자의 구성, 지역적 · 공간적 범위를 기준으로 할 때 컨벤션이 국제회의의 상위개념이라는 견해를 보이고 있지만, 개념적 · 현상적으로는 컨벤션과 국제회의를 유사한 개념으로 설정할 수 있다는 견해를 보이고 있다.

(2) 이항구

국제회의와 컨벤션을 동일 개념으로 파악하고, 상호 협회성을 기본 전제로 하여 국제친선의 기능 즉 국제 간의 매개체적 기능이 있다고 설명하였다. 채용식도 국제회의와 컨벤션을 동일한 의미로 사용하고 있다.

(3) 최태광

국제적 이해 관계 사항에 대하여 2개국 이상의 국가 또는 단체가 모여 방침을 결정하고 의사를 교환하며 또는 개발하기 위하여 관계자가 회합을 하게 되는데 이를 국제회의라고 정의하고 좁은 의미로서 회의 자체만을 중심으로 한 국제회의와 각종 행사나 전시를 포함한 넓은 의미의 국제회의로 개념을 설정하고 있다.

(4) 이장춘

특정 목적을 가진 국내 · 외의 단체들이 모여 갖는 각종 회의 · 전시 · 공연 · 이벤트 등과 관련된 집행행위라고 정의하고 있다.

(5) 윤대순

각 국가들이 서로 정보를 교환하고 자국의 이익을 추구하는 정보교환의 장으로 국제회의 개념을 설정하고 있다.

(6) 이정록

컨벤션을 광의의 개념으로서 "특정 목적을 가진 국내외의 단체들이 모여서 갖는 각종의 회의, 전시, 공연, 이벤트 등과 관련된 집회의 행위"라고 정의하고 있다.

(7) 신상준

국내 · 외의 특정 다수인이 특정목적이나 가치재를 중심으로 모여서 관련된 문제를 심의 · 토의 · 결정할 목적으로 사전에 결정된 일정에 의해 진행하는 공식적인 회의 · 전시 · 이벤트 등을 수반하는 일련의 집회라고 정의하고 있다.

2 컨벤션산업의 특성 및 중요성

1) 컨벤션산업의 특성

컨벤션산업의 효율적인 운영을 위해 먼저 컨벤션산업의 특성을 살펴보기로 한다.

컨벤션은 개최 지역의 홍보는 물론 관광진흥, 경제발전, 문화선양, 환경개선 등에 지대한 효과를 가져오는 고부가가치 산업으로 정부와 비 주역, 주역들 간에 정보교류, 토의, 토론 및 협상의 장을 제공하기 때문에 국제커뮤니케이션이나 국제관계에도 중요한 역할을 담당한다.

컨벤션산업의 기본적 성격이 관광산업과 밀접한 상관성을 갖고 있을 뿐만 아니라 관광현상과 상호 복합적 관계를 이루고 있다.

따라서 관광사업의 범주에 속하는 컨벤션산업(국제회의업)은 관광사업과 같은 맥락에서 특성을 파악할 수 있는데 그 특성은 다음과 같다.

(1) 공간성

컨벤션 시설은 상품자체가 사용 고객에게 전달되어지는 것이 아니라 고객이 일정 요금을 지불함으로써 시설사용에 대한 권한을 가지며 그에 부수되는 서비스를 제공받게 된다. 즉, 컨벤션센터 운영자 입장에서 본다면 고객에게 컨벤션 시설에 대하여 일정기간 동안 제한된 특정공간의 사용권을 판매하는 것을 의미한다.

따라서 이와 같은 시간과 공간적 상품의 기능을 가진 컨벤션을 운영하는데 있어서 특별한 관리가 필요한데, 만약 그날의 컨벤션 상품을 그날 팔지 못하면 그 상품에 대한 가치는 상실되고 마는 것이며 저장 또한 불가능한 것이다. 따라서 적절한 시기에 최고의 가격으로 컨벤션 상품을 판매하여야 한다.

(2) 전문성

국제회의업체는 국내 · 외 행사의 기획 · 준비 및 진행 각 분야별 실무 경험을 축적한 전문 인력팀으로 구성된 총괄운영시스템을 통하여 초기 기획단계부터 결과보고에 이르는 업무 전과정을 동시관리하고 업무단계별 제반사항을 예측하여 기획 · 추진함으로써 완벽한 대회 준비 및 개최를 가능하게 한다.

고도의 전문성에 바탕을 둔 체계적이고 치밀한 서비스 시스템이 필요하다. 컨벤션의 유형, 규모, 주체 및 참가자의 특성과 필요에 맞는 서비스제공을 위해서는 대규모의 컨벤션센터와 최첨단 시설 및 기자재의 구비뿐만 아니라 이들을 적절히 활용할 수 있으면서 창의성과 경험에 바탕을 둔 고도의 전문성을 갖춘 전문인력에 의한 인적 서비스가 필수적이며 그 무엇보다도 중요하다.

(3) 활용성

환경 및 여건의 뒷받침과 이의 적극적 활용이 필요하다. 국제회의를 많이 유치하고 성공적인 개최를 담보하기 위해서는 기후 풍토 및 자연경관 등 자연적 환경뿐만 아니라 정치, 경제, 사회, 문화 및 과학기술 수준 등의 사회적 여건과 외래객에 대한 우호적 분위기 및 친절성 등 인문적 환경여건도 매우 중요하며 이들 지역적 · 문화적 특색을 잘 활용하려는 준비 · 노력도 매우 긴요하다.

(4) 효율성

국제회의업체는 총괄운영시스템을 통하여 등록관리 및 회계 · 정산업무의 정확한 통계 유지뿐만 아니라 기획수립부터 대회를 준비, 진행하고 결과보고에 이르는 업무 전과정을 전산화하여 관리해야 한다. 특히 대회 개최시 부수적으로 발생하는 숙박 · 수송 · 관광 등의 일반 여행업무까지 일괄 수행함으로써 업무 효율성을 극대화시킨다.

다시 말해 충분한 숙박시설과 적절한 식음료 서비스가 이루어져야 한다. 다수의 외국인들이 참가하는 만큼 이들이 묵을 쾌적한 숙소와 식음료가 불편 없이 제공되어야 함은 지극히 기본적인 조건이며 매우 중요하다. 또한 원활한 교통체계가 구비되어 있어야 하며 필요한 교통편의가 제공되어야 한다. 다수인이 동시에 움직이는 경우가 많으므로 교통상황에 대한 확실한 예측 및 파악과 주도면밀한 대비책이 마련되어야 한다.

(5) 양면성(공익성&경제성)

공익성과 경제성을 동시에 추구하는 전략이 필요하다. 각종 컨벤션에 참가하는 사람들은 정부 기관 또는 지역사회를 대표하거나 관련 단체나 사업체 등에서 중요한 역할을 하는 여론 주도층 인사들이 대부분으로서 이들의 좋은 평가에 따라 지역사회, 국가홍보 및 이미지 형성에 큰 영향을 미치게 되므로 컨벤션산업과 관계가 있다면 공공부문이거나 민간부문임을 불문하고 영리를 도모하는 경제성의 추구뿐만 아니라 지역사회 발전과 업계 모두의 장기적 발전에 도움이 되는 공익성도 반드시 함께 추구하여야 한다,

따라서 공공성과 기업성을 함께 갖는 것으로 공공성은 경제적 효과보다는 정치, 사회, 문화 등 사회 전반에 걸쳐 국가의 이익에 우선하는 종합적 목적 수행을 과제로 삼고 있다. 현재 한국관광공사가 정부 산하 기관으로서, 국제회의 유치, 국제회의 사업에 관한 지원 등 공익적 측면의 역할을 수행하고, 반면에, 민간 부문에서의 컨벤션산업은 공익성보다는 기업의 경제적 측면, 즉 기업의 이윤 극대화를 추구한다. 이와 같은 컨벤션산업은 공익성과 경제성 모두를 추구하므로 공익 · 경제성이 적절한 조화를 이루어나가

야 한다.

(6) 복합성

컨벤션산업에 대한 육성은 문화관광부, 한국관광공사, 재화와 용역을 제공하는 민간업체, 개발에 참여하는 민 · 관 건설업체 뿐만 아니라 각종관광업체가 복합적으로 관련되어 있다.

컨벤션산업은 특히 민간부문의 종류와 업종에 있어서도 시설과 전시 관련산업, 호텔 등의 숙박업, 관광 · 레저산업과 자원봉사 행사요원 및 쇼핑센타 그리고 일반시민에 이르기까지 여러 부문에서의 복합적으로 연결된 종합적인 서비스시스템을 가지는 복합적인 특성을 지니고 있다.

(7) 공공성

컨벤션산업을 관광사업과 같은 맥락에서의 특성 중 하나로 공공성을 들 수 있다. 컨벤션산업은 공공사업으로서의 성격을 지니고 있으며 개발에 참여한 민간업체 조차도 공공성을 추구하고 있다.

공공부문과 민간부문이 유기적인 협력과 역할 분담을 통하여 함께 노력하고 공동의 목적을 달성하려는 다양한 접근방법이 모색되어야 한다.

컨벤션은 집회의 형태를 취하지만 내국인만의 집회가 아니고 국적이 다른 참가자, 국제기구 등 국가간 협력관계가 내포되어 있다는 것이다. 또한 국가의 홍보의 역할까지 담당하고 있다.

2) 컨벤션산업의 중요성

21세기 세계는 빠르게 변하고 있으며, 관광객의 수요와 취향도 종전과는 크게 다른 양상으로 변하고 있다. 인터넷의 급속한 보급으로 관광객들은 이제 다양한 관광 정보를 스스로 분석하여 선택할 수 있게 되었으며 이에 따라 관광산업의 무게중심이 과거 공급자 중심에서 수요자 중심으로 빠르게 변해가고 있다.

컨벤션산업은 새로운 신종사업인 '뉴 비즈니스' 이고, 회의의 준비작업에 온갖 정성을 기울여야 하는 '종합예술사업' 이며, 회의 주제와 발표자 선정을 제외하고 일체의 업무를 전문가들에게 맡겨야 하는 '종합서비스사업' 이라 할 수 있다.

또한 컨벤션산업은 뉴 밀레니엄 시대의 국가 산업적 측면에서도 매우 중요한 분야이다. 컨벤션산업은 1차적으로는 컨벤션센터의 운영과 관련된 설비 및 서비스관련산업, 전시관련산업을 지칭하나, 다양한 연관 산업효과를 가지고 있어 경제적 파급효과가 매우 높은 산업이다. 즉, 컨벤션산업은 관광 · 레저산업, 숙박 · 유흥 · 식음료산업, 교통 · 통신 등 관련산업까지를 포함하는 종합산업이자 지식과 정보의 생산과 유통을 촉진하는 지식기반산업(Knowledge -based industry)의 핵심산업인 것이다.

컨벤션산업은 또한 서비스산업으로서 고용을 창출하고 지역경제를 활성화시키며, 외화획득과 세수증대를 가져오는 고부가가치 산업일 뿐만 아니라, 지역사회를 국제화시키고 지역사회의 이미지 개선을 통해 지역발전에 순기능을 담당한다. 다시 말해, 컨벤션산업이 얼마나 중요한가는 컨벤션산업 개최에 따른 이익과 효과를 들 수 있다. 이를 간략하게 살펴보면 다음과 같다.

① 국제적 홍보 · 선전을 통한 국가위상 제고

② 국가간의 이해증진 도모

③ 국제간 지식 및 정보교환, 국제 감각 확산 및 의식수준 향상

④ 소득증대, 고용창출, 세수 증가 등의 활성화

⑤ 대규모 관광객 유치에 따른 관광산업 및 관광산업과 연계된 서비스산업 등의 활성화

이와 같은 중요성을 인식하고 한국 정부는 "국제회의산업 육성에 관한 법률"을 제정하는 등 컨벤션산업을 관광산업의 중요한 영역으로 포함시켜 지원시책을 펴고 있다. 이에 2002년 월드컵 축구 및 부산 아시안게임 등 대형 국제회의와 국제행사가 연이어 개최되었으며, 2003년 세계지방자치단체연합회(IULA)총회, 2004년 PATA총회 등 대형국제회의 유치로 컨벤션 산업이 활기를 띠고 있다.

제3절 컨벤션산업의 분류

컨벤션산업의 분류는 주최측의 목적이 어디에 있느냐에 따라 다양하게 분류될 수 있다.

일반적으로 어떤 문제에 대해 상호의견 교환을 통해 해결 또는 개선방안을 모색하기 위하여 의사소통의 기회를 마련하는 것이므로 여러 가지로 분류 할 수 있으나 여기서는 크게 두 가지로 분류하여 보기로 한다.

1 주최자에 따른 분류

1) 협회회의(Association Meeting)

각종 협회가 관심 분야에 대한 회의, 정기적인 총회 등을 개최하는 경우를 말한다. 세계적으로 모든 산업이 지역적, 국가적, 세계적인 단위로 정기적인 모임을 갖고 있으므로 개최 건수가 상당히 많다.

본 회의는 대규모 행사로 동반자가 있으며, 참가결정은 본인 스스로 결정하며 경비 역시 본인이 하거나 후원사의 지원으로 이루어진다.

2) 기업회의(Corporate Meeting)

산업사회가 도래하면서 점차 기업의 구조가 다양화되고 지역적인 교역단계를 벗어나 전 세계가 기업의 대상이 되고 기업의 환경이 더욱더 경쟁적으로 변화, 발전되면서 기업과 관련된 교육, 훈련프로그램의 필요성이 대두되면서 지역적, 국가적인 회의들이 점차 증가하고 있다.

2 회의 형태에 따른 분류

1) 규모별 분류

(1) 컨벤션(Covention)

가장 일반적으로 사용되는 회의 분야의 용어, 순수회의와 달리 기타 부대행사와 특히 전시회가 수반되는 경우가 많다.

전통적으로 또는 규칙에 의해 개최되는 모임으로서 정보전달을 주목적으로 하는 정기 집회라고도 하며, 국제적 모임 중에서도 주로 특정 안건을 심의하여 어떠한 결론을 유도하는 것과, 이러한 모임을 중심으로 각종 관련행사를 보완하여 축제적 분위기를 겸하는 것이 있다.

요즘에는 총회, 휴회 기간 중 개최되는 각종 소규모 회의, 위원회 회의 등을 포괄적으로 의미하는 용어로 사용된다.

집회는 형식적이 되어 만장일치의 의안 통과가 관례이며, 그 대신 각급 분과위원회의 깊이 있는 토의, 심의가 심도 있게 이루어진다.

(2) 컨그레스(Congress)

대표자들에 의한 회의, 집회, 회담 등을 의미하며, 사회과학, 자연과학 분야의 각종 학회에서 개최하는 회의가 이러한 유형에 속한다고 할 수 있다. 유럽에서는 컨그레스를 컨벤션과 유사한 의미로 사용하고 있다.

국제회의나 컨그레스는 본회의와 사교행사 그리고 관광행사 등의 다양한 프로그램으로 편성되며 참가인원은 수천 명의 대규모가 보통이다.

(3) 컨퍼런스(Conference)

컨벤션과 유사하게 사용되고 있는 형태의 회의이다. 컨벤션에 비해 토론회가 많이 열리고 참가자들에게 토론의 기회도 주어진다. 컨퍼런스는 주로 학문분야, 과학, 기술 등 새로운 지식을 습득하거나 특정문제 연구를 위한 회의를 의미한다. 또한 컨퍼런스는 프랑스에서는 외교적 성격의 국제회의를 의미하며, 미국에서는 주로 회의를 기본으로 하는 국제적 집회의 의미로 사용된다.

"Conference"는 Annual을 수반하여 그 규모를 크게 나타내고 있다. 다만 작은 규모의 회의 중심의 모임은 컨퍼런스로만 표기하고 있다.

2) 토론별 분류

(1) 세미나(Seminar)

주로 교육적인 목적을 갖고 진행하는 회의, 단일논제 또는 특정주제로 발표자와 참가자가 발표와 토론을 갖는다.

발표자의 우월적 지식 전달이 위주가 된다.

(2) 포럼(Forum)

특정 주제에 대해 그 분야의 전문가들이 사회자의 주제 하에 서로 다른 견해를 청중 앞에서 전개하는 공개토론회를 의미한다. 포럼의 특징은 청중도 의견을 자유롭게 발표할 수 있다는 것이며, 청중과 전문가의 의견을 사회자가 종합한다.

심포지움이 격식을 갖춘 토론형식이라면, 포럼은 자유로운 토론형식이다.

(3) 심포지움(Symposium)

포럼과 매우 유사한 형태의 회의로써 제시된 문제나 안건에 관하여 전문가들이 연구결과를 중심으로 청중 앞에서 벌이는 공개토론을 말한다. 포럼과 비교할 때 다소 형식을 갖추어 회의를 진행하며, 청중의 질의기회도 제한된다.

전문가들이 모임 종결부에서 관련된 주제에 대한 건의 사항과 제반 문제점을 정리하여 보고서를 작성하게 한다.

(4) 패널(Panel)

청중이 모인 가운데 사회자의 주도하에 서로 다른 발표자가 전문적 의견을 발표하는 일종의 공개토론회로써 청중도 의견을 발표할 수 있다.

토론 집단을 패널 멤버와 청중으로 나누고, 먼저 소정의 문제에 대해 패널멤버인 각 분야의 전문가로 하여금 토론을 하게 한 다음에 청중과 멤버 사이에 질의 응답을 하도록 하는 형식의 회의이다.

패널의 특징은 전문가의 발표 비중이 높아 청중의 기회가 제한적이라는 면에서 심포지움과 유사하며, 청중에게 의견 발표 기회가 주어진다는 점에서 포럼과 유사하다.

3) 연석회의별 분류

비교적 참석자가 제한되고 소규모 회의가 이상적이며, 모임은 학술적인 것과 회의체적인 것이 있다.

(1) Joint Meeting

서로 다른 조직의 대표들 상호간에 공동이익을 위하여 어느 문제를 검토, 또는 결론을 맺기 위하여 갖는 회의이다. 회사 내에서나 기타 상호 다른 조직과 직책을 갖는 제한된 고급 관리자들이 주로 이러한 형태의 모임을 갖고 상호 의견을 조정하는 경우가 많다.

(2) Round Table

참가자들이 좌석 배열상 상석의 위치를 어느 한 참석자에게 주기 어려운 경우의 모임 형태이다. 이러한 프로토콜상의 애로가 있는 것은 주로 고위층 회담이 많으며 국가간의 정상회담, 기업체의 회의모임 등에 많이 이용된다.

(3) Study Meeting

특정문제 해결을 위하여 연구 토론하는 회의이다. 전문가와 일반 관계인에게 개방되며, 토론 결과를 회의보고서로 작성하여 참가자에게 배포한다. 50-100명의 참가인원이 가장 이상적이다.

(4) Workshop

보통 30여명의 인원으로 개최되는 소규모의 회의이다, 보통 참가인원이 특정문제에 대하여 새로운 기술, 지식, 연구방법 등을 교환하게 된다.

최근의 경향은 축제적 대회 분위기를 살리면서, 이와는 별도로 워크숍이란 별개의 교육 토론회의를 갖는 것이다. 회원에게 새로운 정보와 전문업무를 교육시키는 특징을 갖는 교육 토론회이다. 발표자와 참가자 전원이 토론에 참여하도록 신디케이트 디스커션의 방법을 사용한다.

4) 각급위원회별 분류

(1) Commission

특정문제의 연구를 위하여 본 회의 참석자 중에서 지명된 사람들로 구성한다. 위원회(Committee)와 같은 성격의 모임체로서 "위임"받은 사항의 전문적 검토 기구이다. 보통 20명 내외가 구성원이 되며 토의 결과는 위임받은 기구에 보고한다.

(2) Committee

본회의 기간 중 또는 휴회 중에 소집하며, 위임된 사항에 대하여 연구, 토의, 결론 및 건의를 한다. 위원회는 국제기구의 조직상에 나타나는 공식기구의 위원회도 있으며, 회의기간 중 필요에 따라 임시로 구성한 위원회도 있다.

(3) Council

집행기능을 어느 정도 갖는 행정 기구이다. 본 회의에서 선정된 인사로 구성되며 위임받은 사안에 대하여 어느 정도 결정권을 갖는 타 위원회보다 집행력이 강한 위원회이다. 이것은 국제기구의 기본조직의 하나로서 존재, 운영하는 경우도 있다. 자문평의회 등이 이러한 분류의 조직이다.

(4) Working Group

위원회보다 적은 규모로 임명된 특정 전문가 또는 실무원으로 구성된다. 위원회가 특정 안건을 심의 결정할 때 이를 다시 소위원회적 기구로 축소하여 극히 실무적 차원에서 단 시일 내에 연구 검토케 하기 위함이다. 보통 10명 내외의 인원으로 구성한다.

5) 전원회의별 분류

(1) Opening Session

국제회의 기간 중 첫 본회의를 말한다. 이것은 Opening Ceremony와 구별하여 개회식의 의전행사에 뒤이어 갖는 본회의이다. 이 때에는 향후 회의를 진행하는 기본절차, 즉, Rules of Procedure가 상정되고 이를 확정시킨다.

(2) General Assembly

전원회의로서 일반적으로 임원선출, 예산결산승인, 헌장개정, 연차주요사업확정, 대외결의문 채택 등 국제기구의 골격에 관한 사항을 처리한다. 따라서 이의 소집 절차 및 참가인의 자격심사가 엄격하며, 참가인원도 수천 명의 대규모가 보통이다.

(3) Plenary Session

모든 회원들이 장소에 전원 참석하여 실무적 사항을 논의한다. 회기 중 각 분과위원회가 심의 보고한 사항 및 건의 사항을 전체회원의 모임에서 다시 검토하여 총의로서 수락여부를 결정하는 회의체이다.

5일간의 회기를 갖는 국제회의는 보통 전체회의가 3회 정도 열리게 된다.

(4) Closing Session

회의를 종결하기 위하여 최종적으로 갖는 회의이다. 여기에도 폐회식과 같은 의전행사는 폐회회의 뒤이어 개최한다.

폐회회의에서는 회의 성과, 결의문 통과, 내외인사에 대한 감사표시, 대상선정 등 일련의 회의 마무리를 짓는 본회의이다.

6) 기타

(1) 전시회(Exhibition)

전시회는 Vendor에 의해 제공된 상품과 서비스의 전시 모임을 말한다. 무역 · 산업 · 교육분야 또는 상품 및 서비스 판매자들의 대규모 전시회는 회의를 수반하는 경우도 있으며, 이와는 반대로 전시회가 컨벤션이나 컨퍼런스의 한 부분으로 열리는 경우도 많다. 엑스포지션은 주로 유럽에서 전시회를 말할 때 사용되는 용어이다.

(2) 무역박람회(Trade Show 또는 Trade Fair)

무역박람회(교역전)는 부스를 이용하여 여러 판매자가 자사의 상품을 전시하는 형태의 행사를 말한다. 전시회와 매우 유사하나 다른 점은 컨벤션의 일부가 아닌 독립된 행사로 열린다는 것이다. 여러 날 지속되는 대형 박람회에는 참가자 수가 최고 50만 명을 넘는 경우도 있다.

(3) 인센티브(Incentive Trevel)

기업에서 주어진 목적이나 목표달성을 위해 종사원(판매원), 거래상(대리점업자), 거액 구매고객들에게 관광이라는 형태로 동기유발을 시키거나, 상의함으로써 생산 효율성을 증대하고, 고객을 대상으로 광고 효과를 유발하는 하나의 경영도구이다.

[그림 1-1] 국제회의의 종류

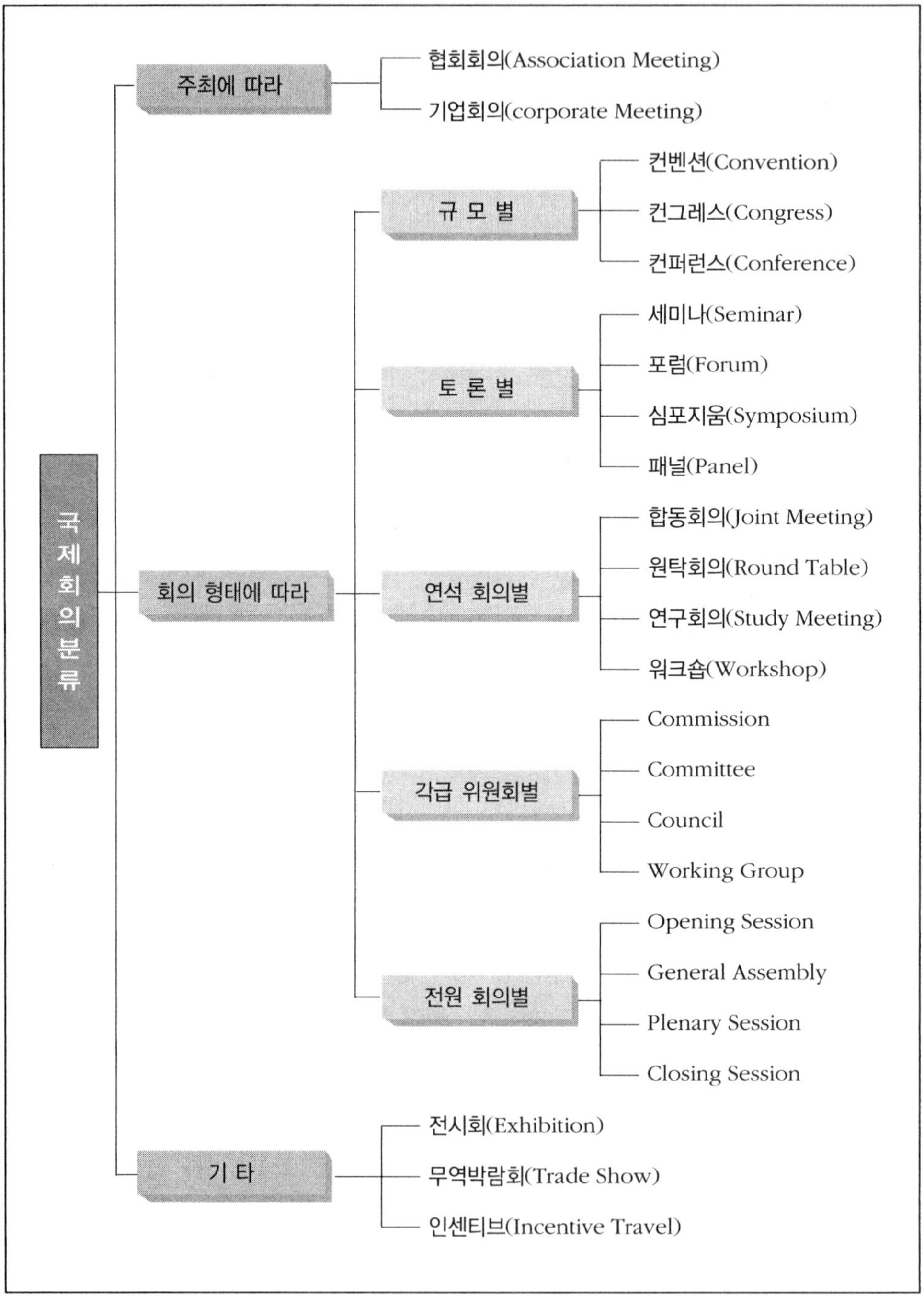

제2장 컨벤션산업의 파급효과 및 현황

제1절 컨벤션산업의 파급효과

컨벤션산업은 '도시', '지역주민', '컨벤션 참가자'를 어떠한 매체를 통해서 유기적으로 결부시키는 시스템산업이다. 컨벤션이 산업으로 진흥됨으로써 도시 산업구조의 재편성이 촉진되고 기존 산업은 활성화되며 새로운 산업을 창출시켜 도시는 정보중추가 되고 지역경제는 활력을 가지게 된다. 동시에 문화 · 예술 · 교육 등 사회적인 측면에서도 좋은 영향을 미치게 된다.

컨벤션을 개최함으로써 개최지역 및 국가의 홍보는 물론 외화획득, 고용창출, 지역경제발전 등의 효과, 즉 정치적, 사회 · 문화적, 경제적, 관광관련산업적 파급효과를 기대할 수 있다.

특히 관광업계에서 컨벤션은 "고부가가치의 관광상품"으로 불리어지고 참가자가 외국의 여론 주도층이어서 국가이미지 제고에 한몫을 할 뿐만 아니라 체재기간이 길고 소비수준이 높아 외화획득에 유리하다는 파생효과 때문에 세계각국에서는 이를 수용할 수 있는 대규모 현대식 국제컨벤션센터 건립에 막대한 자금을 투자하고 있는데, 그 이유는 컨벤션센터 건립에 소요되는 일차적인 건설비용보다는 컨벤션유치 개최에 따른 파급효과가 더 크기 때문에 컨벤션의 중요성이 다양한 파급효과에 따라 높이 평가되고 있다.

하지만 컨벤션 산업이 항상 긍정적 효과만 가지고 있는 것은 아니다. 부정적 효과도 많이 도출될 수 있다는 사실을 인식해야 한다. 따라서 1절에서는 컨벤션산업의 긍정적 측면을 파악하고 간략하게 나마 부정적 측면에 대해서 제시하고자 한다.

1 긍정적 효과

1) 정치적 효과

국제적 컨벤션 개최로 인하여 대회나 행사를 유치한 국가나 도시는 국제적 위상 부각과 지명도가 높아지는 동시에 이미지를 개선할 수 있는 좋은 기회를 갖게 된다.

국제 컨벤션에는 통상 수십 개국 정상이나 각료 등 각 분야의 영향력 있는 고위 지도급 인사들이 참가하므로 국가홍보는 물론 회원자격으로 참가하는 미 수교국 대표들과의 교류기반 확대 · 조성도 가능해 외교 면에서 탁월한 기회가 주어지기 때문이다.

이를 크게 세 가지로 나누어 살펴보면 정치적 파급효과는 첫째, 국가홍보확대로 개최국 문화전통을 세계에 알리고 자국의 이미지 소개 및 부각, 평화통일 외교정책 기여효과를 들 수 있으며, 둘째, 민간외교 수립부분에서는 국제적 인력, 재화, 문화, 정보교류의 확대와 국제평화의 증진에 기여한다. 마지막으로 국제지위 향상의 효과에는 국제적 상호이해 증진과 국제관계 및 국가간 정치적 협력증대의 효과를 기대할 수 있다.

2) 경제적 효과

경제적 효과는 일곱 가지로 살펴 볼 수 있는데 첫째, 순수 관광객에 비해 컨벤션 참가자는 체재일수가 길고 외화 소비액도 3배 이상이 되어 고액의 외화획득의 기회가 된다는 것이고, 둘째, 컨벤션산업은 이에 수반되는 항공산업, 여행업, 호텔업 나아가 일반 소비재 산업에까지 큰 변화와 발전을 가져와 고용증대 및 인력과 재원을 필요로 하는 거대한 사업이므로 지역경제의 활성화에 기여하고, 셋째, 세수입 증대 및 사회간접자본 확충의 효과가 있다. 넷째, 국제회의를 통해 활발한 최신정보, 기술의 입수 및 교류가 가능해지고, 다섯째, 국제수지 개선에도 기여하고, 여섯째, 대량관광객 유치가능으로 관련산업의 활성화 효과가 있으며, 마지막으로 한 국가의 지역경제를 국제화시킬 수 있는 데에 기여하는 효과가 있다.

3) 사회 · 문화적 효과

컨벤션 개최로 인해 개최국의 관련분야의 국제화와 질적 향상을 도모할 수 있으며 일반 국민의 자부심과 의식수준의 향상을 기대할 수 있다. 또한 고유문화가 세계진출을 할 수 있으며, 민간문화의 교류도 촉진될 수 있다. 더 자세히 살펴보면, 첫째, 개최지의 지역문화의 발전에 도움이 되고, 둘째, 지속적인 컨벤션 개최지의 사회기반환경의 정비와 확충 및 지역교통망과 숙박시설 확충, 공항 · 항만시설의 정비 등을 통하여 지역내외 생활환경과 기반환경의 개선이 이루어지게 된다. 셋째, 시민의식의 향상이라는 긍정적인 영향력이 있다. 넷째, 국제친선의 도모증대, 다섯째, 지방의 국제화 및 대량관광객 유입에 따른 자국민과 컨벤션 참가자의 외국인들과의 자국홍보에 따른 민간외교의 효과를 가져오게 된다. 여섯째, 관련분야의 국제 경쟁력 배양의 효과를 거둘 수 있다.

이렇듯 사회 · 문화적으로 일반 사회의 발전에 광범위한 파급효과를 가져 올 수 있다.

4) 관광 산업적 효과

국제관광의 인 바운드(In-bound) 효과로 볼 수 있는 관광 산업적 측면에서 볼 때 관광 비수기 타개, 대량 관광객 유치 및 관련업계의 활성화와 전세계적으로 관광홍보를 얻을 수 있다.

컨벤션산업 유치에 따른 관광 산업적 효과는 다음과 같이 요약할 수 있다.

첫째, 컨벤션산업은 전천후 종합관광산업으로서 일반적인 관광사업은 계절적인 영향을 많이 받는데 비해 컨벤션사업은 계절에 구애받지 않고 여름이나 겨울철에도 유치가 가능하기 때문에 관광 비수기 타개책의 일환이 될 수 있다.

둘째, 컨벤션산업은 일반 관광사업보다 장기 체재 관광사업으로서 일반관광객들의 한국 체재일수 4박5일보다 긴 8일 이상의 체재일수를 가지게 되고, 이에 따른 외화 소비액은 일반관광객들의 3배 이상이 되며, 대량 관광객 유치사업으로 각종, 국제회의, 전시회 참가자수는 회의 1건당 최소 100명에서 1,000명 이상에 이르므로 컨벤션 유치는 대량관광객 유입의 첩경이 된다.

셋째, 컨벤션산업은 외래관광객 유치의 지역적 편재 현상을 해결할 수 있다. 일본, 미국 그리고 동남아 일부지역에 의존하고 있는 한국의 외래관광객은 컨벤션 유치로 인해서 세계전역의 고객을 유치함으로서 점차적으로 외래관광객 유치와 지역 편재를 해결하게 된다는 데 큰 의미를 갖게 된다.

넷째, 컨벤션 시장은 2~3년 앞서서 예약을 마치는 장기예약을 하고 동시에 대단위의 객실을 예약하고, 컨벤션의 참가자들의 회의 전후의 관광을 통한 한국 고유의 문화, 전통, 풍습 등에 대한 좋은 인상은 한국 국제관광의 선전효과를 가져오게 된다.

이와 같이 컨벤션산업은 다른 관광산업과 마찬가지로 광범위한 효과를 창출하는 산업이다.

2 부정적 효과

정치, 경제, 사회 · 문화, 관광 산업적 측면에서 부정적 효과를 알아보면 다음과 같다. 첫째, 정치적으로 개최국에서 컨벤션산업을 정치에 이용하게 됨으로써 경제적 부담에 따르는 희생이 뒤따르는 효과를 발생하게 되며, 둘째, 경제적 측면에서는 컨벤션 개최지역의 향락 유흥업소의 성행에 물가가 상승하고 주변지역의 부동산 가격의 상승으로 투기성이 심해지며 전문가가 아닌 비전문가의 파견으로 인한 참가비용 낭비 및 소득 없는 회의에 참가하게 됨으로 경제적 소비를 초래하게 된다. 셋째, 향락유흥업소의 성행으로 각종 범죄 및 매춘 등으로 사회적 병폐가 나타나고 켄벤션 행사에 따른 국민생활의 불편을 초래하며 치안유지 강화로 경찰의 업무부담 증가 등의 부정적 효과를 가져오게 되며, 넷째, 고용증대에 따른 인구 유입으로 인구 밀집현상이 일어나고 관광상품의 상업화와 관광객의 증가로 관광지 집중 현상에 따른 교통혼잡, 소음, 오염 등의 공해문제와 호텔객실의 블록(Block) 예약으로 일반관광객의 이용이 불편하며 외래관광객이 많아 좋지 않은 모습을 홍보하는 역효과가 일어나 자국 전체의 이미지 실추현상을 가져올 수 있다. 이상이 컨벤션산업의 부정적 효과라 할 수 있다.

컨벤션산업의 긍 · 부정적 파급효과를 간략하게 살펴보면 아래 <표 2 -1>과 같다.

[표 2-1] 컨벤션 산업의 긍 · 부정적 효과

내용 / 분야	긍정적	부정적
정 치	자국이미지 부각 평화통일 외교정책 구현 국제평화 증진 국제적 인력, 재화, 문화, 정보교류 국제적 상호이해 증진 국가간 정치적 협력 증대	개최국의 정치 이용 정치 목적에 의한 경제적 부담 및 희생
경제	외화획득 고용증대 지역경제 활성화 세수입 증대 사회간접자본 확충 최신정보 및 기술의 교류 국제수지개선 관련산업의 활성화 지역 경제의 국제화	물가상승 및 부동산 투기 비전문가의 파견으로 인한 참가비용 낭비 향락유흥업소 성행
사회 · 문화	지역문화 발전 사회기반환경 정비 및 확충 생활환경 개선 시민의식 향상 국제친선 증대 지방의 국제화 민간외교 국제경쟁력 배양	각종 범죄로 인한 사회적 병폐(매춘, 도박, 마약 등) 행사에 따른 국민생활 불편 전통 가치관 상실 사회풍조와 소비성 조장 치안유지 강화로 경찰업무 증가
관광관련	관광비수기 타개책 대량관광객 유입 지역적 편재 현상을 해결 국제관광의 선전효과	인구밀집현상 관광지 집중 현상으로 공해 관광성수기에 일반관광객 호텔이용의 불편

제2절 컨벤션산업의 현황

1 세계 주요국가 컨벤션산업의 개최현황

국제협회연합에서 발표한 2004년 세계 국제회의 통계자료에 의하면 2006년 세계에서 개최된 국제회의의 개최건수는 8,871건으로 전년 대비 11.7%의 감소율을 보였다.

[표 2-2] 세계 국제회의 개최건수(2003~2006)

(단위 : 건, %)

구분 \ 년	2006	2005	2004	2003
개최건수	8,871	10,050	10,785	10,990
증감률(%)	-11.7%	-6.8%	-1.9%	6.2%

자료 : 한국관광공사, 2006년 세계 및 국내 국제회의 현황

1) 대륙별 개최현황

대륙별 개최 순위는 유럽이 5,245건(59.1%)으로 1위, 미주는 1,640건(20.3%) 2위, 아시아주는 1,353건(15.3%) 3위, 아프리카주는 399건(4. 5%)으로 4위, 마지막 5위는 대양주로 234건(2.6%)의 순 이다.

세계적으로 전년대비 컨벤션 개최건수가 마이너스 성장을 하고 있는 것이다.

[표 2-3] 대륙별 개최현황(2006~2003)

(단위:건,%)

대륙 \ 구분	2006		2005		2004		2003	
	건수	구성비	건수	구성비	건수	구성비	건수	구성비
유 럽	5,245	59.1	5,692	56.6	6,136	56.9	6,445	58.6
미 주	1,640	18.5	2,037	20.3	2,226	20.6	2,352	21.4
아시아주	1,353	15.3	1,567	15.6	1,549	14.4	1,309	11.9
아프리카주	399	4.5	469	4.7	534	5.0	545	5.0
대양주	234	2.6	285	2.8	340	3.2	339	3.1
계	8,871	100.0	10,050	100.0	10,785	100.0	10,990	100.0

자료 : 한국관광공사, 2006년 세계 및 국내 국제회의 현황

2) 국가별 개최현황

2006년 국가별 국제회의 개최건수를 살펴보면, 미국 894건(10.08%), 프랑스 634건(7.15%), 독일 434건(4.89%) 순으로 상위 3개국의 순위는 전년과 변함이 없는 것으로 나타났다. 뒤를 이어 네덜란드 391건, 오스트리아 382건, 스페인 362건 순으로 나타났으며, 상위 10개국이 개최한 제회의는 4,394건(49 . 53%)으로 전세계 회의의 과반수를 하회하였다.

우리나라는 185건(2.09%)을 개최함으로써, 세계 16위를 차지하여 주요 국제회의 개최 국가로서의 위치를 확고히 다져가고 있다.

국가별 개최현황은 <표 2-4>와 같다.

[표 2-4] 국가별 개최현황(2006~2003)

순위	국 가	2006년	2005년	2004년	2003년
		개최건수	개최건수	개최건수	개최건수
1	미 국	894	1,157	1,286	1,285
2	프랑스	634	649	646	756
3	독 일	434	451	565	552
4	네덜란드	391	362	290	313
5	오스트리아	382	324	296	299
6	스페인	362	411	420	427
7	영국	350	451	451	502
8	핀란드	325	135	168	195
9	이탈리아	324	427	429	535
10	싱가포르	298	184	159	125
11	스위스	288	291	359	361
12	벨기에	239	283	337	346
13	캐나다	230	237	248	251
14	중국 · 홍콩 · 마카오	204	243	267	138
15	호주	202	214	253	255
16	한국	185	192	169	93

자료 : 한국관광공사, 2006년 세계 및 국내 국제회의 현황

3) 도시별 개최현황

2006년도 도시별 개최건수에서는 파리가 363건(4.09%)으로 1위를 차지하고 빈, 싱가포르, 브뤼셀 등의 순위를 차지하고 있으며, 상위 10개 도시의 개최건수는 총 1,932건(21.77%)으로 전년 1, 763건(17 . 54%)보다 증가함을 알 수 있다.

괄목할 만한 성장을 보인 도시는 헬싱키(61건에서 140건), 싱가포르(184건에서 298건), 빈(252건에서 316건), 파리(316건에서 363건)의 순이다.

서울은 2006년도에 89건의 국제회의 개최, 전년(세계 9위) 대비 2단계 하락한 세계 11위를 차지하였다.

도시별 개최현황은 <표 2 - 5>과 같다.

[표 2-5] 도시별 개최현황(2003~2006)

순위	개최도시	2006년	2005년	2004년	2003년
		개최건수	개최건수	개최건수	개최건수
1	파 리	363	316	266	318
2	빈	316	252	226	202
3	싱가포르	298	184	159	125
4	브뤼셀	179	217	238	231
5	제네바	169	169	211	212
6	헬싱키	140	61	81	98
7	바르셀로나	139	171	155	136
8	런 던	118	154	157	174
9	암스테르담	117	104	111	93
10	뉴욕	93	135	105	118
11	서울	89	104	113	58
12	프라하	88	88	98	107
13	부다페스트	88	111	127	97

자료 : 한국관광공사, 2006년 세계 및 국내 국제회의 현황

2 아시아 주요국가 컨벤션 현황 및 개최현황

1) 아시아 주요국가 컨벤션현황

(1) 일본

아시아 지역에서 일찍부터 활발한 국제회의 유치활동을 전개 해온 일본은 이미 1987년부터 "국제회의 도시계획"을 세워 국제회의 산업육성에 박차를 가하고 있다. 1994년 6월 "국제회의의 유치 촉진법 및 개최 원활화에 의한 국제 관광진흥에 관한 법률(일명 컨벤션 법)" 제정 이후 일본의 국제회의 진흥 활동은 눈부신 발전을 거듭하고 있다. 이러한 컨벤션 육성 분위기에 힘입어 1995년 6월에는 운수성을 비롯하여 국제관광진흥회, 도시 컨벤션 뷰로와 회의장 시설업체, 호텔, PCO 등 일본내 컨벤션 관련기관, 단체, 업계를 회원으로 하는 JCCB(Japan Congress Convention Bureau)가 설립되어 국가, 지자체, 민간단체 등 각 분야에서 컨벤션 진흥을 도모하고 있다.

일본의 경우 컨벤션 도시의 조성은 컨벤션 시설부터 우선적으로 건설해 나가는 것이 특징이다. 최근에 건립된 지바현의 일본 컨벤션센타(Nippon Convention Center), 도쿄 임해부도심 개발의 일환으로 건립되는 도쿄 국제 컨벤션파크(Tokyo International Convention Park)와 같은 컨벤션 시설들이 신도시 또는 대도시내 부도심개발의 특화수단으로 투입되고 있다. 또한 이들 시설들은 국제회의장 및 국제전시장이 별개의 건물로 구분되어 각 고유기능을 수행하게 하고, 센타내에서 컨벤션의 복합적 기능의 원활한 수행을 위해 각 건물의 연계가 이루어져 있다.

교통연구개발원의 조사에 의하면 컨벤션도시 제도를 운영하고 있는 국가는 일본, 태국, 필리핀이며, 실제로 지역진흥차원에서 컨벤션도시라는 용어를 활용하고 있는 국가는 미국, 프랑스, 독일, 싱가포르 등 상당수가 있다. 그러나 컨벤션 도시의 운영을 위하여 법제적인 지원체제를 갖추고 있는 국가는 일본뿐인 것으로, 45개 도시가 제도적인 지원을 받고 있다.

(2) 싱가포르

싱가포르는 약 240만 명의 인구와 자연자원이 거의 없는 나라로서 국가 경제를 유지하고 있는 기간산업은 수출을 전제로 한 첨단산업, 금융업, 관광업, 무역업 등이다. 지리적인 호조건과 저물가, 적극적인 관광홍보에 힘입어 연간 약 700만 명의 관광객이 방문하는 도시이지만 볼거리 등의 부족으로 관광객의 체재기간은 짧다. 그래서 싱가포르는 유력 기간산업인 관광산업의 진흥을 위해서 새로운 관광 매력물 개발에 박차를 가하고 있다. 그 중에서 컨벤션센터의 건립이 주요사업 가운데 하나이다.

아시아의 중심 비즈니스 센터로서 싱가포르는 60여 개의 호텔과 다양한 레크리에이션시설을 갖춘 인기가 높은 MICE도시이다. 편리한 항공편과 통신망, 최고수준의 보안과 안전성, 우호적인 비즈니스 환경 또한 싱가포르가 이상적인 박람회 장소로 자리잡는데 핵심적인 역할을 해왔다.

1996년 1월부터 9월까지는 싱가포르는 2,705건의 MICE 행사를 통하여 약 20만명 이상의 외국인을 유치하여 1995년도 동기대비 각각 0.4%와 4.4% 증가를 기록하였다.

각국의 싱가포르 관광청 해외지사를 활용하여 각국의 언론 관계자들과 컨벤션 유관기관 관계자들에게 싱가포르의 컨벤션 시설 및 서비스에 대한 전반적인 정보 제공과 참가자 유치 확대를 위한 홍보활동을 비롯한 대대적인 컨벤션 유치 캠페인도 전개하고 있다.

싱가포르 국제회의산업 육성에서 주목할 것은 대규모 회의장 시설을 건설하면서 이에 대한 자금을 조달하는 방법이다. 싱가포르는 '95년 완공한 1만 2천명 규모의 아시아 최대의 컨벤션센타인 총 12억 달러 규모의 선텍시티를 건설하면서 쇼핑센타 등 상업용 건물을 지을 수 있는 조건으로 홍콩자본가의 자금을 끌어 들였다.

(3) 홍콩

홍콩은 총 면적 1,067㎢, 인구 약 600만 명의 도시로 연간 약 900만 명 이상의 관광객을 유치하는 국제관광 쇼핑도시이자 국제회의 도시로서 컨벤션산업에 많은 투자를 하고 있다.

1997년 7월 1일 중국으로 반환되었으며 이곳은 아시아 최고의 관광 · 정보통신 · 비즈니스 목적지로의 명성을 얻고 있다. 아울러 동양과 서양의 문화가 교차되는 신비로운 아시아의 목적지라는 이미지가 강하다. 즉, 국제회의의 목적지로 선택되는데 무리가 없다는 뜻이다.

홍콩은 오랫동안 가공무역과 중계무역항 구실을 담당하였으며 최근에는 정밀과학과 전자제품 공장이 크게 증대되어 비약적인 발전을 이룩하게 되었다. 이러한 경제를 지탱하게 해주는 중추기능으로서 홍콩의 국제금융센터가 있으며 경제발전은 국제회의 산업을 급속도로 발전시켰다.

홍콩은 HKTA(Hong Kong Tourism Association)내에 컨벤션 뷰로를 설치하여 업계와 공동유치활동을 전개하고 대대적인 유치 캠페인도 전개하고 있다. 그리고 98년에 첵랍콕 신공항이 완공됨으로써 보다 편리해진 항공망을 주축으로 컨벤션 산업 유치에 박차를 가하고 있다.

(4) 일본 · 싱가포르 · 홍콩의 컨벤션 시설 비교

일본 · 싱가포르 · 홍콩의 컨벤션 시설비교에 관한 것은 다음 <표 2-6>과 같다.

[표 2-6] 일본 · 싱가포르 · 홍콩의 컨벤션 시설비교

구분 \ 국가	일본		싱가포르	홍콩
	Pacifico Yokohama	Tokyo Int'l Forum		
시설종류	전문센터	전문센터	전문센터	전문센터
설립연도	1994년	1997년	1995년	1998년
대회의장 수용능력	5,000명	5,000명	12,000명	4,300명
전시면적	10,206m²	5,1002m²	12,000m²	46,000m²
회의장 수	60개소	37개소	26개소	52개소
건립소요	예산 4,000억 (72억엔)	1조 3천억원	약 1조원	HK $4,800만불 ('97년확장이전)
출자기관	요코하마 국제평화 회의장	도쿄도	홍콩선텍그룹	홍콩무역 개발위원회
운영회사	〃	도쿄국제 교류재단	SICEC	HKCEC Management

2) 아시아 주요국가 컨벤션현황

(1) 국가별 개최현황

대륙별 개최순위에서 아시아지역은 전년도와 마찬가지로 유럽, 미주지역에 이어 3위를 차지하였다. 전 세계적으로 2006년 개최건수가 총 8,871건으로 전년대비 11.7%가 감소하면서 아시아지역 역시 개최건수(1,353건)가 전년(1,567건) 대비 13.7% 감소했다.

국가별로는 2006년 국제회의 개최건수가 큰 폭으로 상승한 싱가포르가 298건(아시아 내 점유율 22.0%)을 개최하여 아시아지역 내 1위를 차지하였고, 전년도 1위 국가인 중국 · 홍콩 · 마카오는 204건(아시아 내 점유율 15.1%)을 개최하여 2위에 랭크되었다. 한국은 2006년도 185건을 개최, 전년 대비 1단계 하락한 3위를 차지하였으며, 166건을 개최한 일본이 4위로 뒤를 이었다.

[표 2-7] 아시아지역 주요국가 개최현황(2003~2006)

(단위 : 건)

순위	국 가	2006년	2005년	2004년	2003년
		개최건수	개최건수	개최건수	개최건수
1	싱가포르	298	184	159	125
2	중국,홍콩&마카오	204	243	267	138
3	한 국	185	192	169	93
4	일 본	166	192	232	255
5	인 도	93	122	118	118
6	태 국	68	95	114	123
7	말레이시아	52	88	92	76
8	아랍에미리트	39	31	37	30
9	대 만	37	32	41	39
10	인도네시아	29	70	34	43

자료 : 한국관광공사, 2006년 세계 및 국내 국제회의 현황

(2) 도시별 개최현황

도시별 순위에서는 싱가포르가 298건으로 1위, 서울이 89건으로 2위, 그리고 베이징이 80건으로 3위를 차지하였으며, 서울은 2006년도에도 전년에 이어 계속 아시아 지역 2위를 지키고 있다

[표 2-8] 아시아지역 주요도시 개최현황(2003~2006)

(단위 : 건)

순위	국 가	2006년	2005년	2004년	2003년
		개최건수	개최건수	개최건수	개최건수
1	싱가포르	298	184	159	125
2	서 울	89	104	113	58
3	베이징	80	88	100	44
4	도 쿄	58	69	53	57
5	방 콕	45	62	78	78
6	쿠알라룸푸르	44	55	68	47
7	홍 콩	41	41	66	39
8	부 산	37	23	6	6
9	제 주	33	22	13	6
10	상하이	32	48	41	17

자료 : 한국관광공사, 2006년 세계 및 국내 국제회의 현황

3 국내 컨벤션산업의 개최현황

1) 연도별 · 월별 · 시도별 개최현황

2006년 우리나라에서 개최된 국제행사는 총 420건으로 전년대비 37.25% 증가하였고, 외국인 참가자수도 전년 대비 13.20% 증가하여 총 79,177명으로 집계되었다.

월별 개최현황을 살펴보면 10월, 9월, 11월 순으로 행사가 많이 개최되어 전년과 비슷하게 주로 가을에 행사가 개최되는 것으로 나타났다. 국제행사의 시 · 도별 개최현황은 2006년도 국내에서 개최된 총 420건의 국제행사 중 45.48%에 해당하는 191건이

서울에서 개최되어 전년(50.65%)에 이어 여전히 서울의 개최 건수 비중이 거의 50% 정도를 차지한 것으로 나타났다. 특히 국제회의 및 전시회의 서울 집중화 현상은 여전히 두드러진 반면, 이벤트 및 축제 등 기타 행사는 각 지역별로 분산 개최된 것으로 나타났다.

[표 2-9] 연도별 국제행사 개최현황(1997~2006)

(단위: 건)

연도별	국제회의	전시회	기 타	계
1997년	248	104	76	428
1998년	267	93	135	495
1999년	287	112	106	505
2000년	292	117	135	544
2001년	294	128	134	556
2002년	296	130	135	561
2003년	298	154	138	590
2004년	302	160	186	648
2005년	306	213	195	714
2006년	420	193	212	825

주1) 본 통계는 공사에서 매년 국내의 국제행사 개최단체, 호텔, 전시장, 국제회의기획업체, 대학, 신문사 등 국제행사 관련단체를 대상으로 국내에서 개최된 국제행사를 조사, 집계한 것임.

주2) 본 통계에 집계된 국제행사는 국내에서 개최된 국제행사 중 참가자가 3개국이상, 외국인 참가자수가 10 이상인 순수 국제회의, 전시회, 기타행사를 포함.

자료: 한국관광공사, 2006 국제회의 개최현황.

[표 2-10] 월별 국제행사 개최현황

(단위: 건)

월 별	국제회의	전시회	기 타	계
1	5	1	5	11
2	7	9	7	23
3	20	21	9	50
4	42	15	30	87
5	37	17	25	79
6	41	14	13	68
7	26	11	11	48
8	30	10	27	67
9	70	29	33	132
10	75	32	35	142
11	59	25	12	96
12	8	9	5	22
계	420	193	212	825

자료 : 한국관광공사, 2006 국제회의 개최현황.

[표 2-11] 시 · 도별 국제행사 개최현황

(단위: 건)

시 · 도별	국제회의	전시회	기 타	계	구성비
서 울 특 별 시	191	99	26	316	38.3
부 산 광 역 시	82	32	30	144	17.4
경 기 도	5	29	15	49	5.94
대 구 광 역 시	15	11	4	30	3.64
광 주 광 역 시	9	10	5	24	2.91
경 상 남 도	3	6	17	26	3.15
제주특별자치도	79	3	17	99	12.0
대 전 광 역 시	18	2	4	24	2.91
전 라 북 도	2	1	9	12	1.45
경 상 북 도	9	-	12	21	2.54
전 라 남 도	-	-	27	27	3.27
충 청 북 도	1	-	4	5	0.60
인 천 광 역 시	4	-	6	10	1.21
강 원 도	2	-	26	28	3.39
충 청 남 도	-	-	9	9	1.09
계	420	193	211	824	100

자료: 한국관광공사, 2006 국제회의 개최현황.

2) 국내 국제회의 개최현황

2006년 우리나라에서 개최된 국제회의의 총 420건으로 전년 대비 37.25% 증가하였고 외국인 참가자수도 전년보다 13.20% 증가한 79,177명이었다.

[표 2-12] 국제회의 개최현황(1997-2006)

(단위: 건, 명)

연도별	개최건수	성장률(%)	외국인 참가자수	성장률(%)
1997	248	9.25	30,087	5.32
1998	267	7.66	22,725	-24.47
1999	287	7.49	34,038	49.78
2000	292	1.74	33,562	-1.40
2001	294	0.68	40,625	21.04
2002	296	0.68	35,100	-13.60
2003	298	0.68	34,467	-1.80
2004	302	1.34	41,233	19.63
2005	306	1.32	69.941	69.62
2006	420	37.25	79,177	13.20

자료: 한국관광공사, 2006 국제회의 개최현황.

(1) 참가자 규모별 국제회의 개최현황

2006년에 개최된 국제회의를 전체 참가자 규모별로 살펴보면, ① 100-299명(144건), ② 300~499(76건), ③ 500~100명 미만(66건), ④ 1,000명 이상(60건) 순으로 나타났다. 300명 미만의 중 · 소규모 회의가 총 218건으로 전체의 약 51.90%를 차지하며, 전년(124건) 대비 약 76% 증가하여 중 · 소규모 회의가 대폭 증가한 것을 볼 수 있다. 300명 이상의 중 · 대규모 회의도 202건으로, 48.09%의 점유율을 기록하며, 전년(182건) 대비 약 11% 증가하였다.

[표 2-13] 전체 참가자 규모별 국제회의 개최현황

(단위: 건, %)

구 분	2006년		2005년		2004년	
	건 수	구 성 비	건 수	구 성 비	건 수	구 성 비
50명 미만	28	6.67	21	6.86	40	13.25
50~99명	46	10.95	32	10.46	38	12.58
100~299명	144	34.29	71	23.20	95	31.46
300~499명	76	18.10	78	25.49	57	18.87
500~999명	66	15.71	54	17.65	37	12.25
1,000명 이상	60	14.29	50	16.34	35	11.59
계	420	100.00	306	100.00	302	100.00

자료 : 한국관광공사, 2006 국제회의 개최현황.

(2) 시 · 도별 국제회의 개최현황

2006년도 시 · 도별 국제회의 개최현황을 살펴보면 서울이 191건으로 전체 대비 45.48%를 차지하여 국제회의 개최 건수에 있어서 서울이 여전히 압도적으로 높은 것으로 나타났다. 그 다음으로 ② 부산광역시(82건) ③ 제주도(79건) ④ 대전광역시(18건) ⑤ 대구광역시(15건) 등의 순서로 집계되었다.

시 · 도별 외국인 참가자 현황을 살펴보면 ① 서울특별시(41,764명), ② 부산광역시(15,941명), ③ 제주특별자치도(9,629명), ④ 경기도(4,115명), ⑤ 대구광역시(2,315명) ⑥ 광주광역시(2,073명) 등으로 외국인 참가자가 80,000명에 다다른 것으로 나타났다.

[표 2-14] 시 · 도별 국제회의 개최현황

(단위: 건, %, 명)

시 · 도별	2006년 개최실적				2005년 개최실적	
	개최건수	구성비(%)	전체 참가자수	외국인 참가자수	개최건수	구성비(%)
서울특별시	191	45.48	143,892	41,764	155	50.65
부산광역시	82	19.52	37,732	15,941	49	16.01
제주특별자치도	79	18.81	33,881	9,629	42	13.73
대전광역시	18	4.29	2,937	1,174	7	2.29
대구광역시	15	3.57	17,798	2,315	11	3.59
경상북도	9	2.14	1,912	1,119	9	2.94
광주광역시	9	2.14	19,670	2,073	2	0.65
경기도	5	1.19	7,296	4,115	20	6.54
인천광역시	4	0.95	724	239	1	0.33
경상남도	3	0.71	605	297	1	0.33
강원도	2	0.48	570	269	5	1.63
전라북도	2	0.48	958	232	-	-
충청북도	1	0.24	1,460	10	2	0.65
울산광역시	-	-	-	-	1	0.33
충청남도	-	-	-	-	1	0.33
전라남도	-	-	-	-	-	-
계	420	100	268,6254	79,177	306	100

자료: 한국관광공사, 2006 국제회의 개최현황.

(3) 장소별 국제회의 개최현황

2006년 우리나라에서 개최된 국제회의 420건 중 197건이 호텔에서 개최되어 호텔이 전체 대비 약 46.90%의 비중을 차지하였고 대학교/연구기관이 64건(15.24%)으로 나타났다. 반면에 컨벤션센터에서는 총 121건이 개최되어 전체 대비 약 28.81%를 차지하였다. 이는 우리나라 국제최의의 상당수가 중 · 소규모의 회의장을 갖춘 호텔, 대학교 등에서 주로 개최되는 경향을 반영한다.

장소별 국제회의 개최건수를 살펴보면 ① COEX (42건), ② BEXCO (32건), ③ 제주 국제컨벤션센터 (24건) 순이며, 외국인 참가자수를 기준으로 하면 ① COEX (21,876

명), ② BEXCO (9,751명), ③ 제주 국제컨벤션센터 (5,496명) 순이다.

[표 2-15] 유형별 국제회의 개최현황

(단위 : 건, %)

장소별	건 수	구 성 비	전체참가자수	외국인참가자수
호텔	197	46.90	75,447	22,966
컨벤션센터	121	28.81	152,686	45,040
대학교/연구기관	64	15.24	19,448	4,902
기 타	38	9.05	21,044	6,269
계	420	100.00	268,625	79,177

자료 : 한국관광공사, 2006 국제회의 개최현황

[표 2-16] 장소별 국제회의 개최현황

(단위: 건, %, 명)

장 소	개최건수	구성비	외국인 참가자수	총 참가자수
COEX	42	10.00	21,876	75,649
BEXCO	32	7.62	9,751	24,595
제주 국제컨벤션센터	24	5.71	5,496	17,544
롯데호텔(서울)	15	3.57	1,785	5,030
파라다이스호텔부산	15	3.57	2,968	4,783
쉐라톤그랜드워커힐호텔	14	3.33	3,069	12,062
라마다 프라자 제주	11	2.62	1,000	8,395
제주 신라 호텔	11	2.62	907	1,999
김대중 컨벤션 센터	9	2.14	2,073	19,670
대구전시컨벤션센터	9	2.14	1,694	7,865
그랜드힐튼서울	8	1.90	1,104	2,565
서울 신라호텔	8	1.90	888	2,467
서울대학교	7	1.67	357	2,450
코엑스인터컨티넨탈호텔	7	1.67	612	2,738

자료: 한국관광공사, 2006 국제회의 개최현황

(4) 주제별 국제회의 개최현황

2006년 개최된 국제회의를 주제별로 살펴보면 과학/기술 관련 회의가 105건으로 총 420건 중 25%를 차지하였으며, 그 뒤를 이어 학술/교육 60건, 의학 50건, 정보통신 38건, 경제/금융 28건 순으로 개최되었다.

[표 2-17] 주제별 국제회의 개최현황

(단위: 건, %, 명)

주제별분류	2006년 개최 실적				2005년 개최 실적	
	건 수	구성비	외국인 참가자수	전체참가자수	건 수	구성비
과학/기술	105	25.00	14,743	58,728	77	25.16
학술/교육	60	14.29	14,840	37,656	23	7.52
의학	50	11.90	9,668	41,220	32	10.46
정보통신	38	9.05	4,143	14,197	17	5.56
경제/금융	28	6.67	5,898	13,885	34	11.11
관광/교통	21	5.00	3,040	9,296	16	5.23
사회과학	17	4.05	1,166	8,243	20	6.54
문화	15	3.57	1,365	12,786	6	1.96
정치	15	3.57	1,435	3,378	9	2.94
환경	10	2.38	2,143	4,489	7	2.29
해양	11	2.62	668	1,791	15	4.90
농수산/식품	10	2.38	1,033	4,319	9	2.94
스포츠/레저	7	1.67	3,207	6,116	5	1.63
종교	7	1.67	3,531	20,419	4	1.31
주택/건설	7	1.67	767	6,685	6	1.96
패션/섬유	4	0.95	320	1,108	1	0.33
예술	3	0.71	264	1,420	3	0.98
국방/안보	2	0.48	118	225	8	2.61
언론	-	0.48	451	2,816	7	2.29
역사	-	-	-	-	1	0.33
기타	8	1.90	10,377	19,878	6	1.96
계	420	100	79,177	268,625	306	100

자료: 한국관광공사, 2006 국제회의 개최현황

제3장 컨벤션전담기관

제1절 CVB

1 CVB의 등장배경

컨벤션 전담기구인 CVB(Convention & Visitors Bureau)는 비영리를 목적으로 운영되고 회의개최기구의 우산역할을 하며 회의유치나 도시에 대한 서비스 제공과 마케팅을 담당한다.

컨벤션산업의 중요성이 널리 인식됨에 따라 구미 선진국은 물론 아시아 각국의 관광 관련기관에서는 컨벤션 전담기관을 설치하여 각종 국제회의의 유치 · 홍보 · 개최지원 등의 활동을 활발히 전개하고 있다.

1965년 아시아 국가로는 처음으로 일본이 국제관광진흥회(Japan National Tourist Organization : JNTO) 내에 컨벤션 전담기관인 일본 컨멘션뷰로를 발족한 이후 1970년대에는 말레이시아, 싱가폴, 홍콩이 각기 컨벤션 전담기관을 설립하였다.

2 CVB의 활동

컨벤션뷰로의 조직은 국제회의 비서역할을 하던 시대부터 시작하여 국제회의 시장의 복잡성과 정교성을 반영하는 현대까지 이르게 되었다.

컨벤션뷰로는 국제회의 개최지에 관한 세밀한 정보를 제공할 뿐만 아니라 해당지역을 대표해서 국제회의 개최를 유도하고, 개최가 결정된 후에는 성공적인 국제회의가 되도록 여러 가지 서비스를 제공하며 광고와 선전활동을 통하여 해당지역을 소개, 선전하는 조직이다.

일반적으로 컨벤션뷰로는 유치활동 전개방법에 있어 컨벤션센터 뿐만 아니라 숙박시설인 호텔과 관광지, 쇼핑지역까지 묶어서 홍보활동을 전개한다.

• 컨벤션뷰로의 활동

① 각종 행사를 수행할 수 있는 시설현황을 조사하고 업계에 정보를 제공하며, 수용시기를 조정하는 등 전반적인 국제회의 수용대책을 검토한다.

② 해외 컨벤션뷰로의 제휴 또는 국제회의 관련기구 가입 등을 통해 교환, 수집 및 활용을 도모한다.

③ 국제회의 산업에 대한 정부의 적극적인 지원을 요청하고, 유치활동에 따른 관계기관의 협력을 증진시키는데 주력하고 있다.

• 국제회의 운영지원 업무

① 국제회의 또는 전시회 개최에 필요한 인력, 서비스 및 자문제공

② 국제회의장 및 관련환경의 정비 · 개선 도모

③ 국제회의 산업 종사자들의 자질향상을 위한 교육시설 및 감독

④ 홍보영화, 간행물 제공 및 PCO, 컨벤션 요원 알선 등을 들 수 있음

• CVB의 역할과 임무

① 방문객과 협회원들의 대표기구(도시홍보 및 마케팅)

② 국제회의 및 전시회 개최지 현지 정보제공

③ 국제회의 및 전시회 컨설팅

- 소재 도시에서 국제회의 및 전시회가 개최 될 수 있도록 유도
- 국제회의 및 전시회 개최준비와 실행에 대한 도움제공

- 행사 전후로 방문객들이 도시의 관광지, 놀이시설 등을 충분히 즐길 수 있도록 함.

④ 숙박배정(조정): CVB는 공정하게 숙박을 배정하여야 하며 모든 숙박업소는 CVB의 숙박배정에 따라야 한다.

⑤ 일정관리 : 컨벤션시설, 컨벤션센터, 호텔회의장 등

3 국외 CVB 사례

1) 미국

미국은 최초의 Convention Bureau는 1895년에 Detroit에서 설치되었다.

관광목적지로서의 지역사회를 선전 · 촉진하는 기관이 설치된 요인은 인구의 증가, 산업혁명, 철도와 통신수단의 발달과 1893년의 공항을 들 수 있다. 18세기 후반 가장 중요한 경제발전이 이루어졌던 산업혁명 이후 기계가 인력을 대체하게 되었으며 기계화로 말미암아 생산성과 효율성, 수익이 증가하게 되었다.

산업혁명은 미국의 철도와 통신시스템을 발전하게 하였고, 19세기 중엽에는 대도시들이 철도망으로 서로 연결되기에 이르렀으며, 이는 산업중심지간의 교통망을 더욱 증가시켰다. 전보, 우편, 전화 등의 출현도 모두 1890년에 등장했으며 이들의 출현으로 산업체들은 더욱 효과적으로 다른 도시와의 통신과 교류를 할 수 있게 되었다.

1893년의 공항은 적극적으로 산업체와 비즈니스를 유치하려는 중요성이 비즈니스의 환경을 변화시키기에 이르렀다. 물론 이 공항은 1930년대의 대공항보다는 심각하지는 않았지만 경제적인 어려움은 산업체와 비즈니스 유치사업에 대한 발달에 저해가 되었다.

디트로이트의 산업지도자들은 대공항에 따른 피해에 대처하기 위해 이러한 유치사업의 발전을 더욱 적극적으로 추구하는 것이 필요하다고 느끼게 되었다.

따라서 몇몇 기업정신이 강한 비즈니스맨들과 시공무원이 디트로이트 도시를 판매

하는 전문적인 세일즈맨을 고용하기에 이르렀으며, 이 비즈니스 마케팅의 새로운 기법이 인기를 끌게 되었고, 이후 디트로이트 컨벤션뷰로의 성공적 사례에 뒤이어 1900년대 초에는 거의 3,000개의 조직이 미국전역에 생기게 되었다.

2) 일본

일본은 컨벤션산업의 진흥을 위해 수용체제정비를 통한 각종 시책의 추진과 제도적 기반을 확충하여 왔다. 일본 운수성은 1964년에 일본관광협회법을 제정하여 "국제관광진흥회법"을 제정하고, 컨벤션 유치조직을 강화하기 위해 정부출자 특수법인인 국제관광진흥회를 설립하였다.

또한 JNTO 내에 일본컨벤션뷰로를 설치하여 컨벤션관련 전체계획과 유치 · 개최지원, 홍보, 기반조성 등을 전담하고 있다.

JNTO는 뉴욕, 런던 관광 선전사무소를 해외유치센터로 지정하여 본격적인 컨벤션 유치를 추진하고 있으며 기부금을 모집하여 국제회의를 개최하려는 국내단체에 교부할 수 있게 되었다.

특히 일본의 운수성은 1986년 「국제컨벤션시티 구상」, 「21C 컨벤션전략」, 1987년 「국제회의도시계획」 등을 확정하고 1994년에 「국제회의 유치촉진 및 개최의 원활화에 의한 국제관광진흥에 관한 법률」을 제정하였다. 이에 따라 국제회의 개최에 적합하다고 운수성이 인정한 전국 45개 도시를 컨벤션 도시로 선정하였다.

1995년에는 일본의 컨벤션 진흥을 추진하는 지방자치 단체 및 도시의 컨벤션뷰로를 중심으로 운수성, 국제진흥회, 컨벤션 관련사업자 등이 참여한 민관협동의 임의 단체인 Japan Congress and Convention Bureau(JCCB)가 설립되었다.

JCCB는 사무국을 JNTO의 국제컨벤션유치센터에 설치하고 컨벤션유치추진, 컨벤션 해외참가 및 유치홍보, 컨벤션관련 연구 · 조사, 컨벤션 전문인력 육성 등의 기능을 수행하고 있으며 국가, 지방자치단체, 민간단체 등 각 분야의 컨벤션 진흥을 종합적으로 추진하고 있다.

일본은 중앙정부 차원의 컨벤션전담기구로서 일본국제관광진흥회 내에 일본컨벤션뷰로가 있으며, 공익재단법인으로 일본 컨벤션진흥협회, PCO들로 구성된 일본 PCO협회 등이 있다.

[표 3-1] 세계주요국의 컨벤션 전담기구 운영현황

지 역	국 자	전담기구	비 고
미주	미 국	전국 300여개 도시에 Convention & Visitor Bureau 설치운영	· 상무성 산하 · US CVB 설립 타당성 검토
구주	프랑스	Paris Convention Bureau Nice Convention Bureau 등	· 지자체 및 민간공동설립 · 지역별 컨벤션뷰로가 독자적으로 운영 · NTO내 전담부서는 주로 해외 홍보활동전개
	독 일	Berin Convention Bureau 등	
	영 국	London Convention Bureau 등	
아주	일 본	Japan Convention Bureau 및 지역별 컨벤션뷰로	· 지자체별 컨벤션뷰로 운영
	홍 콩	Hongkong Convention & Incentive Travel Bureau	· HKTA내 독립본부단위로 운영
	싱가포르	Singapore Convention Bureau	· STPB내 독립 컨벤션 전담부서로 운영
	필리핀	Philippine Convention & Visitors Corporation	· 관광성 산하의 독립기구로 운영
	태국	International Convention Division	· TAT내 컨벤션 전담부서로 운영
	말레이시아	Convention Incentive Division	· MTPB내 컨벤션전담기구로 운영
	중 국	Department of International Convention	· 國歌여 산하에 컨벤션 전담부서 운영

4 우리나라 CVB 운영현황

1) 한국 CVB 설립배경

정부는 국제회의 유치를 촉진하고 그 원활한 개최를 지원하여 국제회의 산업을 육성 · 진흥함으로서 관광산업의 발전과 국민경제 향상에 기여할 목적으로 1996년 12월 「국제회의산업육성에 관한 법률」을 제정하고 1998년 「국제회의산업육성 기본계획」을 발표하여 컨벤션산업을 육성하기 위한 여건을 마련하였다.

컨벤션 전담기구와 관련하여 「국제회의산업육성에 관한 법률」 제8조에서는 "국제회의도시 또는 국제회의도시를 관할하는 지방자치단체는 국제회의 관련업무의 효율적인 추진을 위하여 필요하다고 인정할 때에는 국제회의 전담조직을 설치할 수 있다"고 규정하고 있다.

현재 우리나라의 컨벤션전담기구로는 1979년 PATA 총회의 서울개최를 계기로 한국관광공사내에 설치된 한국관광공사 코리아 컨벤션뷰로가 있으며, 지방자치단체 차원의 전문기구는 서울, 부산, 대구, 제주 등과 설립추진중인 수원이 계획중이다.

2) 한국 CVB의 기능과 역할

한국관광공사는 1979년부터 국제회의부를 설치하여 컨벤션 유치활동 및 국내 개최 컨벤션 운영지원, 홍보선전활동, 컨벤션관련 정보제공 및 전문인력 양성 등 컨벤션산업 육성 활동을 전개함으로써 국가 컨벤션 전담기구로서의 역할을 담당하고 있다.

(1) 유치가능한 국제회의 발굴

① 국제회의 유치의향조사

② 국제기구 자료에 의한 유치가능 국제회의 조사

③ 유치가능성이 높은 국내단체에 대한 세일즈콜 및 유치권유 활동

(2) 국제회의 유치에 대한 원스톱서비스 제공

① 국제회의 유치절차 안내 및 자문

② 유치제안서 작성 및 환영서신 제공

③ 보조금 지원(유치제안서 인쇄, 국제기구 간부 사전답사, 기념품 등)

④ 한국홍보 간행물 제공 및 비디오 대여

⑤ 한국홍보영상물 상영 및 한국홍보데스크 운영지원

⑥ 공사해외 지사망을 통한 유치지원

(3) 국내개최가 확정된 국제회의 주관단체에 대한 지원

가) 당해연도 개최지원

① 제회의 개최관련 정보제공 및 자문

② 보조금 지원(참가안내서 인쇄, 관광프로그램 운영, 문화예술 공연, 기념품 제공 등)

③ 한국홍보 간행물 제공 및 비디오 대여

④ 한국홍보영상물 상영 및 관광안내데스크 운영 지원

나) 참가자 유치증대를 위한 사전홍보

① 공사 해외 지사망을 통한 홍보

② 보조금 지원(기념품 등)

③ 한국홍보 간행물 제공 및 비디오 대여

(4) 컨벤션 해외 홍보활동

① 컨벤션 전문전시회 및 컨벤션 부문 국제기구 회의 참가

② 컨벤션 전문지 광고 게재 및 기사화

③ 유관인사 방한 초청지원

④ 해외 유치 설명회 및 세일즈콜

⑤ 홍보간행물 제작, 배포(슬라이드, 비디오, 컨벤션 시설 안내 책자)

⑥ 컨벤션 로드쇼 실시

(5) 컨벤션산업 육성 기반 조성

① 한국컨벤션협의회 운영

② 컨벤션산업전 개최

③ 국제심포지엄 개최

④ 지방 컨벤션 유치세미나 개최

(6) 컨벤션 전문인력 교육 · 훈련

① 해외 전문교육 참가 지원

② 국내 컨벤션 전문가 교육 실시

(7) 컨벤션 정보 수집 및 제공

① 컨벤션 홈페이지 구축 · 운영 및 신규시스템 개발(국문, 영문)

② 국제회의 주최기관 정보 수집 및 제공

③ 국제회의 개최실적 및 계획조사

④ 국내외 컨벤션 전담조직 및 전문시설 조사

⑤ 컨벤션 캘린더 및 국제회의 개최현황 책자 발간 · 배포

(8) 국제기구와의 협력활동

① 국제관광기구 관련 회의 유치 지원

② PATP, ASTA등 국제관광기구와의 협력활동

(9) 한국컨벤션협의회 사무국 운영

[표 3-2] 컨벤션전담조직(중앙 및 지방)

기관명	전화	홈페이지	주소
한국관광공사 코리아컨벤션뷰로	02-7299-557	www.koreaconvention.org	서울 중구 다동 10번지
서울컨벤션뷰로	02-6000-7091~5	www.seoulcvb.org	서울 강남구 삼성동 159-1 무역센터 2205호
부산컨벤션뷰로	051-740-3600	www.busancvb.org	부산 해운대구 우동 1291 BEXCO 내 213-A호
대구컨벤션뷰로	053-601-5213	www.daegucvb.com	대구 북구 산격2동 EXCO 1676번지
제주컨벤션뷰로	064-710-2399	www.jeju.go.kr	제주 제주시 연동 312-1번지 서편자제1별관1층

2) 컨벤션협의회

2000년 코엑스 컨벤션센터 개막을 시작으로 2001년 부산과 대구, 2002년에는 제주도에 컨벤션센터가 개관했다. 이에 따라 전문시설 공급에 맞는 수요창출을 위한 유치활동에 활력을 기하기 위한 민·관 협의체 구성의 필요성이 부각되었고 한국관광공사는 2001년 8월 컨벤션 관련 공공기관, 컨벤션전문시설, 항공사, 컨벤션 관련 업체 및 학계를 중심으로 민·관협의체인 '한국컨벤션협회'를 발족시켰다. 이 협의회는 우리나라 컨벤션산업 발전을 위한 정부 정책건의, 컨벤션산업 발전을 위한 공동 협력활동 및 사업수행, 관광공사 코리아컨벤션뷰로 업무에 대한 자문을 하고 있다.

(1) 설립목적

국제회의 관련기관, 컨벤션센터, 업계 및 학계 간에 민·관 협의체를 구성하여 유기적으로 협력 활동을 전개함으로써 컨벤션산업 육성 도모를 목적으로 한다.

(2) 주요기능

가) 대정부 정책건의

① 관련법 및 제도 개선방안 건의

② 컨벤션산업 육성을 위한 재정지원방안 건의

나) 컨벤션산업 육성을 위한 협력활동 전개

① 국제회의산업전 및 심포지엄 개최 등을 통한 업계 육성

② 해외연수, 전문인력양성교육 등 인력양성

③ 간행물 및 인터넷을 통한 회원사 소개 등 대 국민 홍보활동 전개

다) 코리아컨벤션뷰로 추진업무에 대한 자문 및 지원

① 정보수집 및 제공 : 회의 개최의향 조사, 세계 컨벤션 동향, 경제적 파급효과 조사 등

② 출판물 제작 및 배포 : 컨벤션 캘린더, 국제회의 개최현황 등

③ 해외홍보 : 광고, 언론인 초청, 전시박람회 참가

제2절 PCO

1 PCO의 개념

PCO는 국제회의 전문용역업체로서 각종 국제회의, 전시회 등의 개최 관련 업무를 행사 주최측으로부터 위임받아 부분적 또는 전체적으로 대행해 줌으로써 회의 개최에 따른 인력과 예산의 효율적 관리, 시간과 자금의 절약, 세련된 회의 진행을 가능하게 해 주는 업체를 말한다.

PCO는 각종 컨벤션 및 전시회의 개최 관련업무를 행사 주최측으로부터 위임받아

부분, 전체적으로 대행해주는 조직체로서 보다 효율적인 운영, 준비를 위한 회의기획가, 통역사, 속기사 등 전시회 행사와 관련 되는 각종 전문용역을 제공하는 등 컨벤션산업에서 PCO의 역할은 대단히 중요하다고 볼 수 있다.

세계적 수준의 전시회나 컨벤션을 개최할 수 있기 위해서는 몇 가지 요소가 필요하다. 그 하나는 완벽한 시설이다. 그러나 이렇게 하드웨어는 착착 완비되고 있지만, 이 과정에서 정작 문제가 되는 것은 소프트웨어다. 탁월한 국제감각과 에티켓, 그리고 외국어 구사능력을 가진 전시주관 전문가(PEO)나 컨벤션 주관 전문가(PCO) 등의 요소가 빠진다면, 우리가 바라는 국제적인 전시회나 컨벤션은 제대로 진행될 수 없다. 마케팅을 통해 국내외로부터 관객을 유치하고 조명, 음향과 디스플레이 등을 통해 전시회와 컨벤션 참가자들의 오감을 지배할 인력도 필요하다. 따라서 국제회의 기획자의 역할이 크다 하겠다.

2 PCO의 역할

회의 시장은 협회회의, 기업회의, 정부회의 세 부문으로 나누어진다.

PCO의 역할은 회의 형태에 따라 다양하다.

① 회의구성에 관한 전반적인 책임

② 주최측 및 참가자와의 연락 관계유지

③ 주요위원회 회의의 준비 및 참가

④ 회의장 및 서비스홀의 준비 및 임차

⑤ 회의와 관련된 자료발송 실시

⑥ 참가자 등록업무 및 호텔예약

⑦ 사교행사에 관 행정사항 및 각종 문서의 준비

⑧ 전시장 및 전시회 참가자와의 연락관계 유지

⑨ 기술부문 행사의 협조(서류, 필름, 전시 등)

⑩ 정식인원 및 임시고용원에 관한 통제

⑪ 회계업무 및 수송, 관광업무

현재 우리나라에서의 PCO 역할은 활동을 하기에 많은 문제점을 안고 있는 실정이다. 컨벤션 전문요원의 부족, PCO의 법적 지위 보장의 미흡 등으로 활동이 제한되는 수가 많고 특히 영세성 및 인식 부족으로 인해 대규모 국제행사 유치 및 수주능력이 미약한 점 등 개선해야 할 사항이 많다.

PCO의 업무를 용역별로 주요업무를 더욱 자세히 살펴보면 <표 3- 3>과 같다

[표 3-3] 용역별 주요업무

용역업무	주요업무
기 획	· 기본 및 세부 추진계획서 작성 · 회의장 및 숙박장소 선정 · 예산서 작성 · 행사준비 일정표 작성 · 행사 안내 전문요원 모집 및 선정 · 행사결과 보고서 작성
회의준비	· 각종 회의장 확보 · 회의장 배치도면 작성 · 회의 진행 시간표 작성 · 연설문, 발표문 등 원고 접수 및 편집 · 회의록 작성 · 프로그램 기획 및 제작 · 전문인력 확보 및 교육 · 각종 기자재 수급 · 회의용 물품에 관한 면세 통관
등 록	· 등록절차 계획 수립 · 등록시 소요물품 목록 작성 · 참가 들록 신청서 기획 및 발송 · 참가 등록시 전산입력 및 자료관리 · 현장 등록시 전산입력 및 자료관리 · 현장 등록 장소 선정 및 배치도 작성

[표 3-3] 계속

용역업무	주요업무
	· 등록 안내요원 선정 및 교육 · 참가 등록자 명단 작성 및 명찰 발급 · 현장 등록대 설치 및 운영 · 전산처리
숙 박	· 객실확보 계획 수립 · 호텔과의 객실 사용에 관한 계획 · 회의 참가자에게 숙박에 관한 예약 양식 작성 및 발송 · 숙박 예약 및 예약금 접수 · 숙박지별 자료처리 · 각 호텔에 예약명부 및 예약금 전달 · 객실배정 계획 수립 · 예약 후 사용하지 않은 객실에 대한 처리계획 · 전체 숙박 명부 작성 및 현장 배포
수송, 관광	· 수송 및 관광종합계획 수립 · 입 · 출국 버스 운행계획 수립 · 셔틀버스 운행버스 수립 · 관광지 선정 및 답사 · 관광 프로그램 개발 및 신청서 제작 · 공식지정 여행사 선정 · 참가 예정자에게 관광신청서 발송 및 접수 · 관광 안내데스크 운영 · 관광차량 수배 및 예약
의 전	· 입 · 출국 절차계획 · VIP 공항 귀빈실 이용에 따른 제반절차 수립 · 공항 영접대 설치 · 미수교육 참가자 입국절차 및 경호계획 · 참가자 출국 확인
홍보, 출판	· 홍보계획 수립 · 행사안내서 기획, 디자인 및 제작 · 참가자들의 편익 제공을 위한 안내 책자 제작, 배포 · 회의 프로그램 기획, 디자인 및 제작 · 보도자료 및 기자회견 준비

[표 3-3] 계속

용역업무	주요업무
	· 프레스 센터 운영 · 현장 전속 사진기사 수배 및 추진 · 가두 설치물 제작 · 뉴스레터 제작, 배포
사교행사	· 각 행사별 시나리오 작성 · 초청인사 선별, 초청장 제작, 발송 · 초청인사 참가여부 확인 · 행사장 도면 작성 · 행사진행 프로그램 작성 · 행사별 요원 선정 및 교육 · 사회자 수배 및 연설문 작성 · 행사장 설비 및 장비 점검
재정	· 전체 예산에 따른 세부 실행 계획 수립 · 자금 확보 및 지원 계획(스폰서 모집) · 회계장부 관리 및 지원 계획 · 조달계획 및 출납관리 · 대회결산 보고서 작성

자료 : 한국관광공사(1994년)「한국국제회의 산업현황」,

황희곤 · 김성섭 "미래형 컨벤션산업론". pp.246-247.

제4장 컨벤션산업의 구조

제1절 컨벤션 주최자

컨벤션산업 구조의 하나인 주최자는 크게 정부회의, 협회 · 학회회의, 기업회의 주최자로 나눌 수 있다.

[그림 4-1] 컨벤션산업의 구성 요소

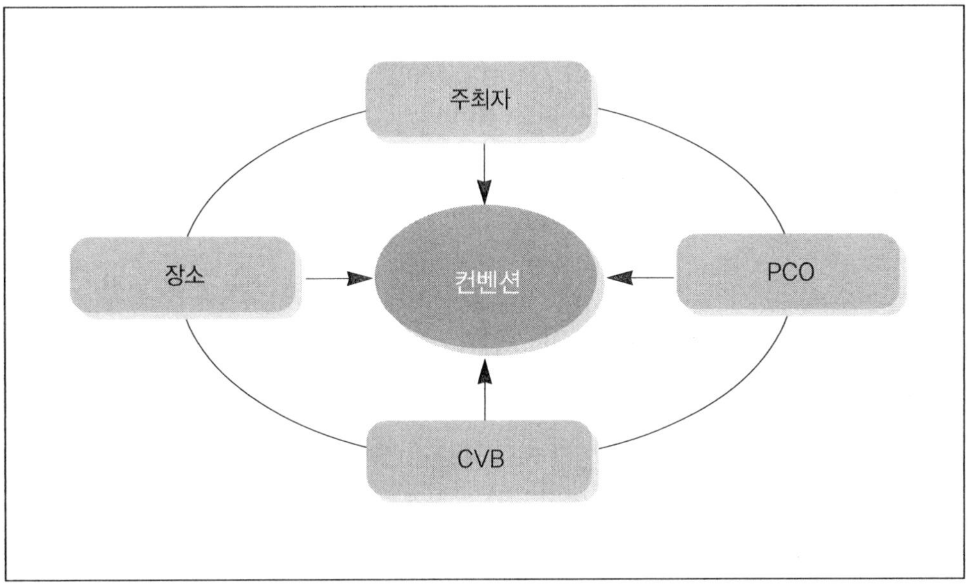

1 정부회의 주최자

대부분 국제기구 본부와 해당 개최국가 정부가 주최자가 되며 참가자 역시 정부 및 정부관련 기관, 학계 등의 대표자가 주류를 이루며, 의전에 의해 초청되는 행사로서 사전에 주제가 정해지며 엄격히 비공개적으로 개최되는 회의가 많다. 협상, 토론, 정보교환, 문제해결 등의 정치, 사회, 경제 분야의 주제를 주로 다루며 이에 관련된 연사들도 자비부담 보다는 주최측 비용부담의 형식으로 초청되며, 등록비도 무료인 경우가 많아 정부의 예산을 확보하여 비용을 충당하거나 대기업의 스폰서를 받기도 한다. 대체로 전시는 수반되지 않으며 연사 이외의 참가자에 대한 의전도 매우 중요하다

주최측은 조직적으로 구성된 조직위원회 혹은 준비위원회를 가동하게 되고 필요시 부분적 서비스를 외주를 통해 충당하며 공항영접, 운송, 언론과의 관계, 2개 이상의 언어 서비스, 의전에 따른 사교행사 등에 중점을 많이 두고 짧게는 4개월 길게는 7~8년 전부터 준비를 하게 되며 회의 준비기간과 운영기간에 상당한 문서작성 업무가 요구된다 (Kawashima, 2001, p. 4).

2 협회 · 학회회의 주최자

협회는 회원들의 공통된 이해를 증진시키거나 보호하는 것을 핵심과제로 하여 전문적인 활동을 전개하는 조직이다. 한 지역이나 나라 또는 세계에는 많은 협회조직이 있는데, 이들은 대부분 일정한 정관을 가지고 정부기관이나 조직단체에 등록을 하기 때문에 협회조직의 목적, 등록된 수, 회원목록 등을 알아보기 쉽고, 협회조직의 목적에 따라 크기가 다양하다. 협회는 크게 업계협회와 전문협회의 두 가지로 나눌 수 있다. 업계협회는 비즈니스를 목적으로 하고 있는 사업체를 회원으로 하고 있기 때문에 무역이나 사업을 강조하는 조직이고, 전문협회는 회원 개개인의 관심사라든가 교육적인 학회, 과학 · 기술 · 전문적인 협회 등에 의해 주도되는 조직이다.

1) 협회회의의 개최목적

개최목적은 첫째, 공통된 관심사를 가진 회원들이 만나 의견교환을 하기 때문에 새로운 정보나 추세를 파악할 수 있으며, 둘째, 협회주최측에서 볼 때 협회회의 개최는 재원을 확보하는 수단이 될 수 있다. 협회들은 회원등록 때 등록비와 협회가입비를 받을 수 있고, 전시회를 동반하는 협회회의는 전시장 부스 임대 및 판매, 교육자료와 기념품 및 기타 물품의 판매를 통해 수입을 올릴 수 있다. 셋째, 협회 홍보와 회원들간에 단합을 가져오기 위해 협회회의를 개최한다. 협회회의는 새로운 기술이나 정보, 상품을 선보이는 자리이므로 국제적인 관심을 모을 수 있어 자연스럽게 협회를 홍보하게 되고, 회원들에게 자긍심을 심어줄 수 있다.

2) 협회회의의 특성

협회회의는 정기적으로 1년에 한 두 번 또는 2년마다 열리는 경우가 대부분이며 주로 1년에 한 번 이상은 회의를 개최하고 있다.

회의 참가는 참가자 자신의 의사에 다라 결정되며 회의참가에 따르는 모든 비용을 자신이 부담하게 된다. 회원들에게 회의 프로그램에 대해 상세히 알려주고 회의 참가의 의의가 무엇인지, 그리고 어떠한 편익을 제공하는지를 명확히 설명하여 참석 욕구를 자극 시키는 것이 중요하다.

회의장소의 선정은 협회의 성격, 규모, 예상 참가자 수 그리고 전시회 유무 등에 따라 협회의 재정적 상황과 회원들의 반응을 토대로 개최장소가 선정된다.

3 기업회의 주최자

기업은 다양한 목적을 위하여 작은 회의에서 큰 회의에 이르기까지 다양한 형태로 각종 회의를 개최한다. 기업 경영진들은 사원들과의 의사소통을 통해 그들의 경영방침이나 정책을 사원들에게 알리며 때로는 회사 구성원들의 단합을 위한 회의를 열기도 한다.

기업회의는 주주총회와 같이 정해진 시기에 개최되는 경우도 있지만 대부분의 기업회의는 필요할 때마다 상시 열리고 있기 때문에 회의의 개최시기는 따로 정해져 있지 않다.

따라서 기업회의의 준비시간은 협회회의보다 짧은 1년 미만인 경우가 대부분이다. 기업회의는 강제력이 있고 회의 참가자들이 회사원들이라는 점에서 동일한 특성을 갖는다. 또한 비용의 대부분을 회사에서 마스터계정으로 지불하기 때문에 참가자들에게 있어서 비용에 대한 부담이 적다.

기업회의는 매년 같은 장소에서 회의를 개최하는 것이 일반적이며, 참가자들은 회사 업무의 일환으로써 강제적으로 참석하기 때문에 회의 개최장소는 리조트형보다 장소 이동이 쉬우면서 외부환경과 차단되어 있고 보완이 뛰어난 곳을 선택하게 된다.

[표 4-1] 기업회의와 협회회의의 비교

구분	협회회의	기업회의
개최 이유	필수적	임의적
개최지 의사결정	협회집행부 또는 협회위원회, 협회회장이나 부회장, 협회회의기획가 등 다양함	회사내 회의 기획가, 회사사장, 마케팅 판촉부서, 교육담당부서에서 주로결정
개최 건수	회의 개최 건수는 적고 회의당 참가자수가 많음	개최건수는 많으나 회의당 참석자수가 적음
향후 비즈니스 가능성	개최지역을 순회하는 경우가 많아 유치 가능성은 높지 않음	유치가능성 높음
객실예약 블록지정	예약현황을 잘 추적하여야 하며 개최일에 다가오면 객실을 픽업함	예약인원은 거의 변동이 없음
가격 민감성	개최장소 임대료, 객실료 등 가격에 민감하므로 가격에 다라 개최시기나 장소가 바뀔 수 있음	가격이 중요한 요소이지만 협회시장만큼 민감하지 않음
참가자 동일성	다양함	동일함
참가의 강제성	자발적	강제적인 참가
가족이나 동반자 참석여부	참가가능/일반적	거의 없음

[표 4-1] 계속

구분	협회회의	기업회의
전시회 개최	거의 동반함	가끔 동반함
개최장소 선택	매력적인 관광지나 리조트지역을 선호함	편의성, 서비스, 보안 등을 추구
지역적 개최 경향	지역별로 돌아가면서 개최	정해진 지역선택 경향이 없음
준비기간	길다	짧다
지불형식	개인이 지불하는 경우가 대부분	마스터 계정
취소위험	낮다	높다. 취소시 위약금이나 예약시 선수금 요구
CVB 관여여부	정부나 지방자치단체가 관여하는 컨벤션의 경우 CVB의 도움을 많이 받음	관여가 적거나 도움을 받지 않음
예약절차	우편예약이나 호텔내 사무국에서 담당	회사에서 투숙객 명단을 제공함
예산	유동적	고정적

제2절 컨벤션기획 과정

1 계획에서 개최결정 과정

[그림 4-2] 컨벤션 개최결정과정

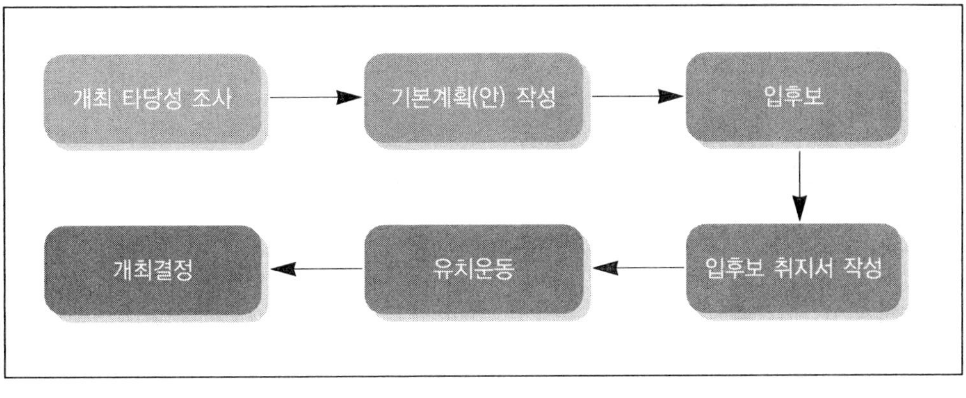

1) 개최 타당성 조사

개최 타당성 조사항목으로는 주최자의 조직력 및 개최능력을 살펴보고, 개최 예산규모와, 정보 입수기간 및 시기의 적정성, 회의장 및 숙박시설 정보, 참가자 출입국 문제 조사, 관광, 수송, 도시 제반시설, VIP 참가 가능성 등 관련사항의 정보를 입수하여야한다.

정보 입수기간 및 적정시기는 참가자들이 참가하기 쉬운 시기, 비수기, 유사 성격의 업계, 학회의 회의와 중복되지 않을때, 큰 행사 또는 축제와 겹치지 않고, 크리스마스 휴가와 중복되지 않는 시기가 가장 적절한 때라 할 수 있겠다.

2) 기본계획(안) 작성

지방도시에서의 개최를 위한 점검사항 교통의 편리성, 관광 · 문화자원의 풍부, 인적자원, 현지의 분위기, 알찬 관광행사, 세심한배려, 친절성, 기타 협력사항을 들 수 있다.

3) 입후보

4) 입후보 취지서 작성 - 경쟁국이 있는 경우에 한함

5) 유치운동

■유치활동 내용

국제회의의 주요 의제 분야에 있어서의 한국 개최의 중요성을 PR하고, 국제본부임원과 주요인물을 한국으로 초청, 다양한 매력을 홍보하는 한편, 초청장 발송, 관련 회의 및 총회시에 홍보 등의 활동이 있다. 예를 들면, 한국의 밤 행사 개최, 회의장에 한국 PR코너 설치, 한국 및 개최도시의 홍보영화의 비디오 상영, 한국으로의 유치환영 연설 등이다.

6) 개최결정

결정통지를 서면으로 접수하고 국제본부와 한국측 위원회의 역할 분담을 명확히 한다.

2 조직위원회 구성과 예산편성(준비 1단계)

(1) 조직위원회 구성

(2) 사무국 설치

(3) 각종 분과위원회의 구성

- 프로그램 분과위원회, 회장시설 분과위원회, 숙박 분과위원회, 등록분과위원회, 회의분과위원회, 재무 분과위원회, 사교 · 영접분과위원회, 관광분과위원회, 홍보 · 선전분과위원회, 전시분과위원회

(4) 공식 여행사의 선정

(5) 회의 설명 자료의 작성

(6) 조직위원회 규정 및 회계규정 작성

(7) 회의규모 파악

회의규모 파악을 위한 점검사항으로 ① 외국인 대 한국인 참가 비율 ② 회의의 주기 ③ 회의의 화제성 ④ 회의를 주최하는 단체, 연관 단체에 소속된 회원 수 파악이다.

(8) 회의장 선정

회의장 선정을 위한 점검사항 다음 아래와 같다.

- 필요한 방의 수와 종류가 충분한가?

- 회의장의 음향시설은 좋은가?
- 냉 · 난방시설이 확실히 되어 있는가?
- 의자의 착석감이 좋은가?
- 영사기자재가 있는가?
- 동시통역부스가 있는가?
- 개회식, 기조강연장으로 사용될 방의 분위기는 중후한가?
- 분과회장, 토론회장은 밝고 활발한 인상을 주는가?
- 연구발표, OHP, 슬라이드 등 기자개가 충분히 보유되어 있는가?
- 회의실 주변에 참가자의 흐름을 원활하게 할 수 있는 구조인가?
- 회의장내 개보수공사 예정이 없는가(공사기간을 피한다)?
- 신체장애자를 위한 시설이 잘 갖추어져 있는가?
- 회의장 대관료가 저렴한가?
- 병설 전시회장이 있는가, 또는 가까운가?
- 사용규정에 엄격한 조건은 없는가?

(9) 숙박호텔 선정

숙박호텔선정을 위한 점검사항

- 회장에서 가까운 거리에 있는가?
- 주변 환경은 어떤가?
- 객실종류가 다양한가?
- 음식의 질은 높은가?
- 외국어를 할 수 있는 직원은 어느 정도 있는가?
- 셔틀버스가 운행되는가?
- 고객에 대한 서비스 자세는 어떠한가?
- 게시용 안내판의 설치가 가능한가?
- 사고대책이 철저하게 세워져 있는가(화재, 사고, 긴급구조 대책)?

(10) 수입원의 확인

수입원 확인을 위한 점검사항

- 등록비는 충분히 설정되었는가?
- 주최단체의 자기자금이 충분한가?
- 보조금, 후원금을 기대할 수 있는가?
- 판매수입을 기대할 수 있는가?
- 전시회 운영에 따른 수입을 기대할 수 있는가?
- 광고수입을 기대할 수 있는가?
- 기부금을 기대할 수 있는가?
- 공공기관의 보조금
- 기타 수입 체크

(11) 등록비 및 등록기간 설정

(12) 보도발표

3 기본계획의 검토 (준비 제2단계)

(1) 업무진행표 작성

(2) 회의의 디자인 - 로고, 심벌마크, 심벌 색상,

제작물 - 봉투, 편지지, 포스터

(3) 프로그램안 작성

■ 프로그램에 포함되는 내용

- 등록, 개회식, 폐회식, 기조연설, 초청강연, 심포지엄, 패널디스커션, 커피 브레이크, 포스터 세션, 파티, 리셉션, 동반자 프로그램, 관광 프로그램, 전시회

(4) 메일링리스트 작성

(5) 어나운스먼트 발송

어나운스먼트 발송처로는 소속회원, 전회, 전전회 회의 참가자, 개최단체 본부와 지부, 항공회사와 여행사 해외사무소, 한국관광공사 해외 사무소, 기타 관계기관과 기업의 해외지점 등에 발송한다

(6) 포스터 발송

포스터 발송처는 관계단체의 본부와 지부, 항공회사와 여행사 해외사무소, 한국관광공사 해외사무소와 기타 관계기관 및 기업의 해외지점 등이다.

(7) 일반기부금

(8) 모금처 리스트 정비

(9) 모금취지서 작성

(10) 모금 모집요령 작성

(11) 기업방문

(12) 관련행사의 기획

리셉션, 환영연, 오찬, 연회, 칵테일 파티,

(13) 관광 - 관광, 견학

(14) 동반자 행사 프로그램

(15) 전시회 기획

(16) 발표문 모집

(17) 가 예약

4 스케줄 실행관리(준비 제 3단계)

(1) 참가자 유치

(2) 서큘러 작성

(3) 최초 서큘러 발송

(4) 마지막 서큘러 발송

(5) 해외참가자 참가 촉진

(6) 조직위원장의 참가요청서 발송

등록, 숙박예약의 수납 개시

(7) 등록

(8) 등록확인증, 영수증 발송

(9) 등록리스트 관련

매스터카드 방식, 컴퓨터 등록 방식

(10) 숙박 예약

신청서 정리 방법 설정

(11) 예약 접수마감일 설정

(12) 숙박 약관과 예약취소에 따른 위약금 청구 규정 설정

(13) 회장사용계획서 작성

숙박객실의 점검사항은 개 · 폐회식장, 전체 회의장, 분과회의장, 전시회장, 위원회 대기실, 귀빈 대기실, 통역자 대기실, 프레스룸, 사무국, 의무실, 번역실, 타이프실, 등록,

정보안내데스크 공간, 짐 보관서비스, 음료수 제공 장소, 오찬장, 리셉션장, 외투 보관소, 직원 휴게실(식사실), 슬라이드 시사실 등이 필요하기 때문에 미리 파악 작성한다.

5 프로그램의 확정(준비 제4단계)

(1) 행사 · 일정의 확정

- 등록, 개회식, 폐회식, 기조연설, 초청연설, 심포지엄, 패널 디스커션, 포스터 세션, 커피 브레이크, 파티, 리셉션, 동반자 프로그램, 관광 프로그램, 전시회,

(2) 종합사회, 세션별 사회진행자 결정

(3) 제작물 발주

게시, 표시류로는 회장 내부(등록대용 표시, 회장 평면도, 각 회의실의 표시, 회의 명칭 대간판, 알림게시판, NAME PLATE), 회장 외부(현관의 회의명칭 대간판, 공항, 역의 환영 간판, 노상의 유도 간판, 현수막), 명찰, 배지, 휘장, 회의참가자용 등록가방, 참가자용 스티커, TAG, 기념품류이다.

(4) 회의용 기자재 준비

슬라이드 프로젝트, 오버헤드 프로젝트, 영사기, 테이프 레코더, VTR, 레이저 포인터, 흑판(칠판), 모니터, 탁상 라이트

(5) 회의자료 준비, 작성

프로그램, 참가자 명부, 발표문 요약, 회장배치도, 회의시간표, 관련행사 설명자료, 리셉션 등 초대장, 관계처 주소록, 전시안내서, 전반적 주의사항, 관광안내자료

(6) 기타 비품 준비

회의 전용기, 참가국 국기, 녹음 기재, 스톱워치, 물병, 재떨이

(7) 회의운영 조직 구성

회의 운영에 필요한 업무리스트는 등록, 종합안내, 사무국, 외투 보관소, 슬라이드 접수, 회의실 담당, 기재담당, 전시회장 경비, 관련행사 참가신청서 접수, 홍보, 보도 대응, 여행안내(종합안내와 중복되기도 한다), 수송, 배치, 자료 배포, 회의자료 발송, 여행동승 안내

(8) 요원확보

관련업계, 단체에 인원지원 요청, 인재파견회사에 요청, 아르바이트생 모집

(9) 운영 매뉴얼 제작

회의개요, 프로그램, 회장사용 계획, 회의장 평면도, 일정표, 업무분담인원 및 배치계획, 업무별 세부내용, 회의실 설치도, 연락처 리스트

(10) 긴급사항 대응 매뉴얼 작성

(11) 진행 시나리오 작성

(12) 각종 세레머니 준비

식순, 초청자 리스트, VIP 접수체제, 안전요원 확보, 리허설, 오락 · 여흥행사 수배,서비스 요원 확보, 음악 수배, 장식 수배, 좌석 지정

6 개최 직전 준비(검토, 확인)

(1) 제작물 점검, 확인

(2) 회의운영 협희

(3) 오리엔테이션

(4) 임시사무국 설치

(5) 전화(외선, 내선) 설치

(6) 필요비품 검사

볼펜, 연필, 지우개, 가위, 풀, 접착테이프, 핀, 고무밴드, 칼, 스테이플러, 보드지, 메모지, 타이프라이터, 워드프로세서, 컴퓨터, 응접소파, 복사기, 팩시밀리, 게시판, 인쇄 · 복사용지, 파일상자

(7) 당일 배포자료 등을 등록가방에 넣는다

(8) 회의실 설치

(9) 리허설

(10) 기자재, 비품의 최종 체크

- 외투 보관소 준비
- 회의실 온도조절 확인
- 물병과 컵
- 참가자용 테이블에 연필과 메모지 배포(흡연히 허락되면 재떨이도 준비)
- 장식용 꽃 확인
- 간판 확인
- 국기 등 확인
- 보일러실, 업무용 엘리베이터 확인
- 각종 조명 점검
- 전원 확인
- 판매 TV 점검
- 음향기기 등의 점검(방송상태 점검, 마이크, 스피커 점검, 영상기기와 스크린의 거

리 점검)

• 강연대 - 강연대 높이 점검, 강연대 조명 점검, 마이크 점검, 레이저 포인터 점검

• 스크린

  - 실내조명과 영상의 밝기 점검(조명은 메모를 할 수 있는 정도의 밝기)

  - 스크린 위치와 영상물 규격 확인

  - 화면이 청중 측에서 보아 비뚤어지지 않았는지

(11) 현금의 준비

7 회의 운영

(1) 일정표 공략

(2) 일일점검회의

(3) 요원의 배치상태 확인

(4) 관련행사의 진행에 따른 관리

8 회의 종료 후

(1) 결산보고

(2) 결과보고서 발간

(3) 의사록(절차, 논문집) 발간

(4) 사의 표명

(5) 감사장 발송

(6) 사례인사 방문

(7) 조직위원회 해산

9 전시회 운영

(1) 개최개요 결정

- 주제 설정
- 기간 설정
- 전시장 선정

전시장 선정시 점검사항은 아래와 같다.

① 주차장 ② 엘리베이터 ③ 제한 하중

④ 바닥재 ⑤ 천정높이 ⑥ 냉, 난방 장치

⑦ 조명 ⑧ 전기용량 ⑨ 상수도

⑩ 배수처리 ⑪ 가스 ⑫ 입장자 흐름

⑬ 입장권 판매구 ⑭ 규모 ⑮ 운영조직

⑯ 각종 세레머니 - 오프닝 행사, 테이프 컷팅, 내빈 접수, 인사말, 리셉션

(2) 사업수지계획서 작성

사업계획서의 수입, 지출계획서를 아래 표의 항목에 맞추어 작성한다.

[표 4-2] 사업계획서 수입 · 지출항목

수입항목	지출항목
부스 판매료	전시장 임차료
출전자 디렉토리 판매수입	전시장 설치 및 장식비
광고수입	인쇄비
입장료 수입	인건비
잡수입	기타 비용

(3) 출전료 설정

(4) 부스판매방법 설정

(5) 개최취지서 작성

(6) 참가안내서 작성

(7) 출전 권유대상 리스트 작성

(8) 출전기업 모집개시

(9) 신청접수

(10) 출전자 규정 제정

(11) 반출입계획 결정

(12) 부스 할당

(13) 출전자 대상 설명회 개최

(14) 출전안내서(Exhibitor's Kit) 제작

(15) 각종 신청서(임대비품신청서, 임시전화가설신청서 등) 작성

(16) 제출서류(위험물사용허가신청서, 부스내 흡연허가신청서 등)작성

(17) 운영매뉴얼 작성

(18) 보세창고의 확보 및 신청

(19) 전시자 디렉토리 작성(한국어, 공용어)

(20) 입금, 지출관계 체크

(21) 보험수속

(22) 경비관계 협의

(23) 오리엔테이션 – 전시회 전일

(24) 기본부스 설치

(25) 기초 배선

(26) 부스내외 장치 및 통로 정비

제2부

컨벤션 기획 · 실무

제5장 컨벤션 유치

국제회의를 유치함에 있어 그 과정과 개최조건 검토, 회의개최 계획안 작성, 개최 입후보, 개최 유치활동, 개최결정 순으로 살펴보고자 한다.

1 과정

회의의 개최를 위해서 먼저 국제기구 본부에서는 회원국 지부나 국제회의전담기구에 회의개최지로 입후보할 것을 구두 또는 문서의 형태로 요청하게 된다.

입후보 전에 여러 각도에서 회의개최 가능성을 충분히 점검하여야 한다.

입후보요청서는 회의의 일반적인 관례(회의기간, 참가예상 규모), 회의개최를 위해 필요한 사항(회의장, 숙박시설 규모 등), 주최측의 부담사항, 신청서 제시 방법 등의 내용으로 구성된다.

국제기구본부로부터 입후보 요청을 받은 국내 회원단체는 회의개최지가 결정될 때까지 일반적으로 입후보 조건 검토, 국내 단체내 유치방침 결정, 국내 관련기관/업체(호텔, 여행사, 항공사, 정부기관)와의 업무협의, 유치신청서(Bid Document, Proposal) 제작/발송, 유치활동 전개 등의 과정을 거치게 된다.

유치 준비단계에서는 이러한 업무를 담당할 준비위원회가 구성되어야 하는데, 보통은 기존의 협회 사무국이 맡게 되며, 일단 회의 개최지로 확정되면 준비 위원회는 조직위원회로 확대되어 회의 운영준비 및 사후관리를 맡게 된다.

[표 5-1] 국제기구 특성에 따른 유치방식

구분	내 용
By Invitation	① 특정 국가 1개국만을 초청 ② 정부주관 회의, 소규모 회의
By Closed Bidding	① 특정 지역에 한정해서 초청(아시아, 유럽, 북미 등) ② 대부분의 국제회의(예 : WFUMB, IFBLS)
By Limited Open Bidding	전 세계를 대상으로 의향서를 받되, 2~3개 국가를 우선 협상대상자로 선정
Complete Open Bidding	전 세계 모든 회원국에 개방(예 : IFGO)

2 조건 검토

회의개최지로 입후보 하기 전에 과연 회의를 개최할만한 능력과 여건이 되는지, 그리고 의의가 있는지를 여러 각도에서 충분히 검토할 필요가 있는데, 그 주요사항은 다음과 같다.

1) 주최측의 조직력, 능력

국내단체내 중심인물의 국제기구 본부에 대한 발언권 및 국내에서의 사회적 지위와 중요도를 고려해야 한다. 주최측 주요 인사의 영향력에 따라 해외에서의 유치활동과 국내에서의 인력동원, 모금활동, 참가자 모집의 결과가 크게 달라질 수 있다.

2) 개최규모

회의참가자 규모는 일반적으로 과거 회의 시 참가실적을 토대로 참가자 · 동반자 수를 추정할 수 있는데, 주최측의 영향력, 개최장소, 시기 등을 고려하여 회의규모를 예측

한다

3) 재무

회의를 유치하려 할 때에 가장 중점적으로 고려해야 할 사항은 예산이 충분한가 하는 문제다. 일반적으로 참가자의 등록비만으로는 회의운영 경비를 충당하기 어렵기 때문에 자금조달을 어떻게 할 것인가에 대해 검토해야 한다.

과거 예산을 참고로 필요한 경비를 산출한다.

4) 개최시기 · 기간

회의개최 시기 및 기간은 국제기구 본부의 의견과 관례에 따르는 것이 보통이지만, 그렇지 않을 경우에는 참가자들이 가장 참가하기 쉬운 시기를 선택한다.

우리나라의 경우, 봄과 가을은 관광성수기라서 객실확보 등에 문제가 따를 수 있다. 따라서 비수기에 회의를 개최하여 숙박, 관광, 수송 등의 할인혜택과 성수기에 나타나는 숙박 등의 중복사례가 없도록 시기와 기간을 고려해 보는 것이 바람직하다.

5) 회의장

회의장은 회의의 규모와 성격에 맞게 선택하여 전체회의, 분과회의 , 전시회 등 각종 프로그램이 효율적으로 개최될 수 있도록 한다. 유치단계에서는 후보 장소를 복수로 선정해두는 것이 좋다.

6) 숙박시설

참가인원을 수용할 만한 숙박시설이 있는가, 또 객실료는 얼마인가를 검토해야 한다. 숙박시설은 회의장과 근접한 거리에 있고 요금도 적정해야 한다. 숙박시설도 여러 개의 호텔을 후보지로 선정해 두는 것이 좋다.

7) 교통

공항, 투숙호텔, 투숙호텔 회의장, 행사장 간의 교통과 회의장 주변 교통이 편리한지를 점검한다.

8) 기타

기타 참가자의 출입국상 문제점, 회의장과 호텔 간의 수송문제, 도시의 제기능, 정부 주요 인사의 각종 행사참석 가능성 등을 검토한다.

이상의 기초조사에 입각해서 입후보를 검토할 때에는 국제회의 전문용역업체, 여행사, 호텔, 회의시설업체 등과 의견교환을 하면서 추진하는 것이 좋다.

일단 회의개최지로 확정되면 어떤 형식으로든 이들 전문가에게 용역을 의뢰하게 되는 경우가 많기 때문이다.

3 계획안 작성

회의개최를 위한 기본계획안을 작성하게 되는데, 이 계획서는 유치의사 결정과 입후보를 위한 자료로 사용된다,

1) 유치계획 수립

유치계획에 포함할 사항으로는 유치타당성 분석, 소요예산 및 수지 분석, 예산 조달방안, 경쟁국가 현황분석, 협조요청기관 및 단체(스폰서 포함), 등 유치추진 일정, 유치위원회 구성 여부, 유치대상 국제기구 관련사항, 유치에 관한 제반 절차문의, 경쟁국가 현황 파악, 유치의향서, 제안서 포함내용(과거 샘플 입수)을 들 수 있다.

2) 유치계획서 제출

[표 5-2] 유치계획서

구 분	내 용
유치계획서 포함내용(일반적)	① 초청 및 지지 서신 ② 회의개최 시기 및 장소 ③ 출입국 항공 교통편/비자 등 ④ 회의시설 ⑤ 숙박시설(숙박요금 포함) ⑥ 회의일정 ⑦ 사교행사일정(연회, 관광 등) ⑧ 수송방안 ⑨ 홍보계획/출판계획 ⑩ 소요예산표(등록비 산정기준 등 포함) ⑪ 조직위원회, 운영위원회 등
제안서 제출방식	① 공식제안서(Bidding Document) ② 비공식제안서(서신형태)
제안서 형태	문서, 비디오
제안서 제출서	① 국제기구 사무국(공식) ② 개최장소 결정권자(이사, 개최지선정위원 등)

3) 국제회의 개최 기획(2~3년 주기 개최회의 기준)

[표 5-3] 2~3년 주기 개최 기획

기간	내용
5년 전	① 개최일장 및 장소 확정 · 국제기구의 회의개최 담당 임원의 현장 답사 ② 필요 계약체결 · 객실 블록 및 요금 협상 · 회의시설 가계약
3년 전	① 홍보계획 수립 ② 1차 홍보물 제작 및 배포(전차대회) ③ 주요 프로그램, 개최지 소개 등 ④ 객실, 회의시설 최종 계약 ⑤ 소요예산 책정 및 본부 보고(승인)
2년 전	① 잠정 예산 확정(본부 보고, 승인) ② 관련 지역회의, 유관 회의 등 참가 홍보 ③ 2차 홍보물 제작 및 배포

4) 주요 회의 프로그램 확정

기조연설, 주제발표자 확정, PCO 계약 체결, 스폰서 확보 등 프로그램을 확정하여야 한다.

[표 5-4] 기간별 프로그램

기간	프로그램
1년 전	① 최종 프로그램(등록서 포함) 제작, 배포 ② 국제기구 간부 최종 현장 답사 ③ 최종 예산 보고, 승인 ④ 수송, 관광, 사교행사 계약체결 ⑤ 기조연설, 주제발표자 점검, 계약 등 ⑥ 관련매체에 광고
6개월전	① 회의장 사용계획 확정 ② 수송, 관광, 사교행사 등 부대행사 세부계획 확정 ③ 등록 접수/초록접수 ④ 객실블록 해제
3개월 전	① 인력사용계획 확정 ② 각종 행사용품, 원고 등 인쇄 ③ 기념품 제작 ④ 시뮬레이션 실시 ⑤ 전시자 메뉴얼 제작 배포 ⑥ 할인등록 마감/ 등록확인서 송부
1개월 전	① 사무국, 초청인사 항공권 송부 ② 현장 스텝 및 임시 인력 교육(1차) ③ 객실블럭 최종 해제 ④ 최종 시뮬레이션
1~2주전	① 모든 회의 및 행사용품 제작 및 입고 완료(배지, 참석자명부 포함) ② 연회행사 최종 계획 및 계약(개런티) ③ 임시고용원 업무분장 및 현장교육회의
종료	① 결과보고서 발간(회의록 정리, 등록자명부 갱신) ② 경비 정산 ③ 감사서신 발송 ④ 조직위원회 해산

4 입후보

입후보하기 전에 주최국으로서 개최조건이 충분히 준비완료 되면 국제기구 본부에 정식으로 유치의사를 표명한다. 회의 개최지의 결정은 국제기구에 따라 다르지만 전전회의 기간 중에 열리는 이사회와 총회에서 결정되는 경우가 많다. 따라서 매년 개최되는 회의라면 최소한 2년 전, 3년 주기의 회의라면 6년 전에 유치제안서를 국제기구 본부에 발송하여 개최 의사를 표명해야 한다. 제안서의 제출방법과 수속은 국제기구에 따라 다르기 때문에 소속된 국제기구 본부의 관례에 따르면 된다. 유치제안서는 간단한 서류 또는 보고서 형식으로 만들어지는데 그 내용은 일반적으로 주최기관장의 공식유치표명서신, 정부기관장, 지방자치단체장의 환영메시지, 회의개최를 위한 각종 제안(숙박비, 항공비 할인내역, 수익금 처리방법 등), 회의장 및 숙박지 관련 자료, 교통 및 관광정보 등으로 구성된다.

또한 개최국의 정부관계자, 지방자치단체의 장, 한국관광공사사장, 관련학회회장 등의 명의로 초청장을 송부하는 것도 매우 유효하다.

우리나라와 관련한 홍보물은 한국관광공사가 발행하는 각종 인쇄물과 필름 등을 이용하는 것도 좋은 방법 중의 하나이다.

5 유치활동

국제기구 본부의 희망이나 순번에 의해서 또는 개최지로 입후보했으나 경쟁국이 없을 경우에는 회의 유치에 별 어려움이 없다. 그러나 여러 나라가 입후보할 경우에는 이사회에서 대상국을 압축한 후 총회에서 표결을 거쳐 최종적으로 결정되므로 표결 전 유치를 위한 각종 활동을 전개할 필요가 있다.

국제회의 개최지로 입후보를 표명함과 동시에 국제본부의 의사결정권자를 대상으로 개최지로서의 한국의 적합성을 홍보할 필요가 있다.

[표 5-5] 유치경쟁 활동시 고려사항

① 본부임원이나 책임자를 우리나라에 초청하여 회의시설을 비롯한 수용능력, 관광매력 등을 홍보
② 정관계자, 도지사, 시장, 한국관광공사 사장, 관련학회회장 등의 명의로 된 초청장 송부
③ 한국 소개의 팜플렛, 호텔, 회의장, 전시장 등의 시설을 소개
④ 개최국의 뛰어난 주거환경을 홍보
⑤ 교통의 편리함을 홍보
⑥ 총회 및 이사회 개최시 개최국 홍보 예) 한국의 밤 개최, 한국홍보영화 및 비디오 상영, 한국으로의 회의유치 환영연설 회의장에서 한국홍보코너 및 안내 상담실의 설치

자료 : 김성혁, 컨벤션 산업론, p.131. 임주환 · 양덕희, 국제회의의 이론과 실제, p.64.

6 결정

유치가 결정되면 국제기구 본부로부터 결정통보를 서면으로 접수하는 것이 바람직하다. 이는 향후 동 서신이 관련기관에 대한 후원금 요청, VIP 출석 등에 필요한 경우가 많기 때문이다. 일단 회의개최가 결정되면 국내 조직위원회(Host committee)를 구성하여 개최를 위한 준비를 시작하게 된다. 이때 준비과정에서는 국제기구 본부와 서로 긴밀한 업무연락을 통해 업무내용을 서로 분명히 나누어 결정해 둘 필요가 있다.

국제회의 준비업무 중 회의내용에 관한 사항, 즉 회의주제 선정, 연사 선정, 프로그램 내용 결정, 인쇄물 양식 결정, 공용어 및 통역방법 결정은 주로 국제기구 본부에서 담당하게 되고 회의장 선정, 예약, 숙박, 관광기회, 등록관리, 업자선정, 요원의 확보, 자금조달, 실행예산 작성 등 회의운영에 관한 사항은 조직 위원회가 맡게 된다.

또한 경비 면에서도 상기 업무분담 내용과 같이 회의내용과 관련한 경비는 국제회의 본부가 부담하고 실제 운영과 관련한 경비를 조직위원회 측에서 부담하는 것이 보통이다.

국제본부로부터 회의와 관련한 요청이 있을 경우, 즉시 그 실행가능성을 검토하고 불가능한 사항에 대해서는 본부에 연락, 대안을 검토하도록 한다.

1) 결정 방법 및 시기

결정방법은 합의 또는 투표 등 국제기구의 특성에 따라 결정방법이 달라지게 된다.

결정시기는 1년 주기로 개최되는 회의는 약 2~3년 전에, 2~3년 주기로 개최되는 회의는 4~6년 전에 개최지를 결정하고, 합의의 경우엔 개최지 결정을 위한 직전 공식행사(환영연, 개막 등)에서 후보국들과 결정권자들과의 자연스러운 접촉을 통해서 세의 불리 유무를 판단하여 불리한 쪽이 양보하고 차기 회의를 기약한다.

그리고 합의가 관례인 국제기구의 경우 합의가 되지 않으면 개최지 결정 자체를 뒤로 미루고 중재에 나선다.

2) 로비활동

국내단체, 공사 해외조직망, 대사관, 영사관 등의 주최로 개최지 선정의 결정권이 있는 결정권자를 대상으로 개별접촉에 의한 홍보활동, 기념품전달, 한국의 회의 준비상황 등을 브리핑한다

3) 프리젠테이션 실시

프리젠테이션은 파워포인트/슬라이드/비디오/OHP(비상시에 대비 파워포인트는 OHP 필름화하여 지참)형태로 결정권자에게 약 20분 정도의 설명과 질의 응답을 받는 순으로 하며, 발표자는 국내의 단체장, 유치위원장, 국제기구에서 인지도가 높은 회원(필요시 출입국절차, 개최도시 소개, 관광은 CVB 관계자가 발표)을 선택하여 결정권자에게 한국의 이미지를 높인다.

내용 작성 요령은 제안서 내용을 간결하게 요약하고, 경쟁국이 있을 경우 경쟁국 대비 장점을 집중 부각시키며, 신빙성이 있는 구체적인 정보를 제공한다.

4) 조직위원회구성

개최지 결정 직후 조직위원회를 구성한다. 조직위원회의 임무로는 첫째, 본부와 회의 개최 계약체결, 둘째, 회의 전반에 대한 준비를 들 수 있고, 분과위원회 구성은 프로그램, 회의준비(수송, 숙박), 사교행사(연회, 관광), 홍보 등으로 구성된다.

[그림 5-1] 개최지 결정방법

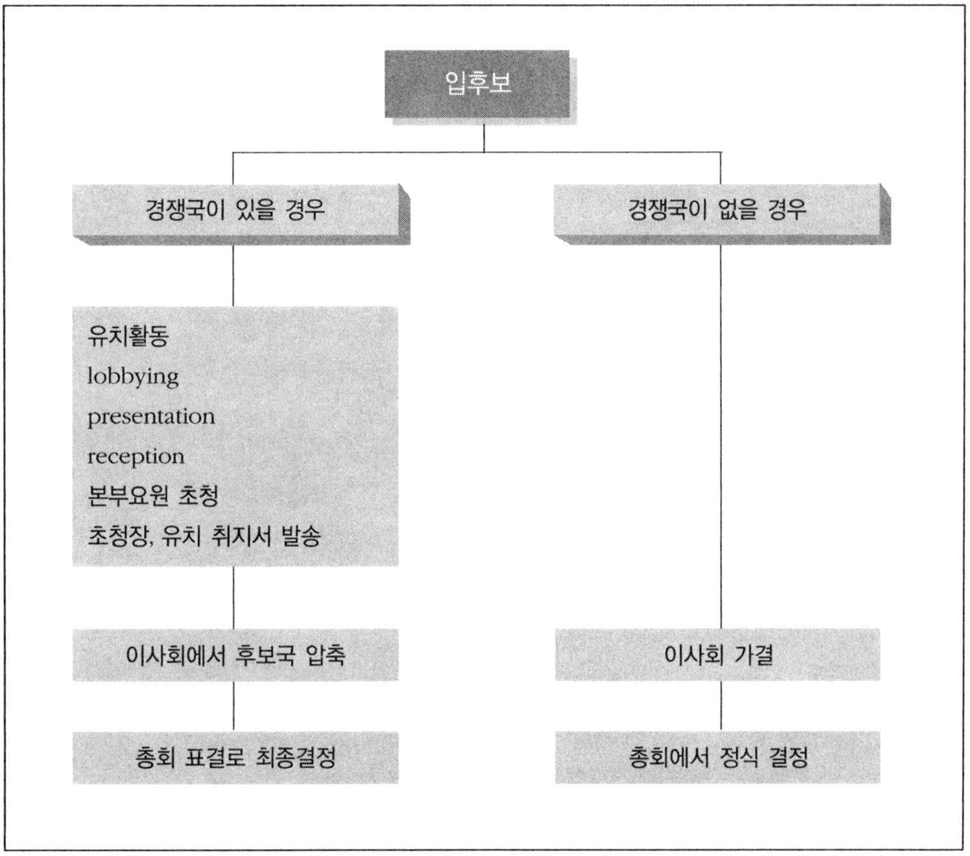

자료 : 임주환 · 양덕희, 국제회의의 이론과 실제, 2004.

제 6 장 컨벤션 장소 및 시설

1 개최장소

국제회의의 경우 회의개최를 위해 갖추어야 할 각종 조건(회의실 수, 규모, 객실 수 등)들이 유치추진단계에서 이미 국제기구본부에 이해 제시되며, 이러한 조건을 수용할 수 있는 도시만이 개최후보지가 될 수 있다. 국제회의 전문가들은 일반적으로 1개 이상의 국제공항, 대형 컨벤션센터, 11,000실 이상의 객실을 갖춘 호텔, 풍부한 관광자원, 충분한 인적자원, 다양한 식음료시설을 갖추고 있는 도시를 국제회의 일급도시(First-tier City)로 인정하고 있다.

우리나라의 경우 국제회의 개최를 위한 제반 조건을 갖춘 도시는 한정되어 있으며 서울에서 국제회의의 90% 이상이 개최되고 있다. 그러나 최근 경주, 부산, 제주 등 지방도시의 국제회의 개최여건이 개선되고 있으며, 개최건수도 점차 증가하고 있다. 국제회의를 개최할 경우에는 회의장 및 숙박시설 사용료가 비교적 싸고, 교통이 원활하며, 지자체 및 관련기관의 전폭적인 지원을 기대할 수 있는 장점이 있으므로 지방도시에서의 국제회의 개최도 고려해 볼만하다.

■도시 선정시 고려사항

- 외국인 및 국내 참가자가 쉽게 접근할 수 있는 항공망과 교통망이 완비되어 있는가?
- 양질의 회의장, 호텔, 연회장, 음식점이 보유되어 있으며 이들 시설이 참가인원을

수용할 수 있는가?

- 관광자원과 문화자원이 풍부한가?
- 외국어 구사가 가능하고 사무능력이 있는 우수한 인적자원을 쉽게 고용할 수 있는가?
- 외국인을 환영하고 수용하는 분위기가 조성되어 있나?
- 시기적으로 회의개최 기간이 공휴일, 주요 행사기간과 겹칠 것인가? 또 기간 중의 기후는 어떨 것인가?
- 물가 수준이 일반적으로 참가자들이 부담할 수 있는 수준인가?

회의 개최도시와 기획자와의 관계는 상호 보완적인 관계라고 할 수 있다.

회의 개최도시는 시설의 수용성과 노동력의 공급량을 충분히 갖춘 곳이어야 할 것이다

개최도시는 다음과 같은 조건을 가지고 대단위의 국제회의를 유치할 수 있는 도시를 의미한다.

① 대규모 참가자를 위한 숙박시설

② 1개 이상의 국제공항이 있어 다수의 항공사가 항공서비스를 제공하며 상당수의 비행기가 이착륙할 수 있어야 한다.

③ 1개 이상의 대규모 컨벤션센터,

④ 호텔객실이 수천 개 이상

⑤ 자연관광 유인물이 존재

⑥ 적정규모와 질적인 인력수급이 가능

⑦ 상당수의 다양한 식당

⑧ 관광목적지로서의 긍정적 이미지와 관광매력물이 많아 관광객을 유인할 수 있는 도시이어야 한다.

이렇게 선정된 개최도시는 선정시 가장 중요하게 고려해야 할 요소로는 비용과 편리성을 들 수 있다.

첫째, 비용은 도시를 선정하고 회의를 개최하는데 소요되는 경비를 의미한다.

둘째, 편리성이다. 즉 충분한 컨벤션센터와 다양한 규모의 회의실, 숙박을 위한 호텔 객실 수, 호텔과 회의장소의 근접성, 다양한 서비스 제공업체의 유무, 양질의 인력 수급, 관광매력성 등과 같은 편리성을 의미한다.

2 회의장 선정

회의장은 이미 유치단계에서 후보지로 선정되었던 장소 가운데 회의의 성격, 예산 등 각종 조건에 가장 부합되는 곳으로 선택한다. 회의장 선정시 가장 기본적으로 고려해야 할 사항은 회의장의 수용 규모, 비용, 위치이다.

일단 이 세 가지 조건을 다 만족한다면 기타 회의기간 중에 소음이 발생될 공사가 있을 것인지, 타 행사가 동시에 개최될 것인지, 회의 담당자의 태도와 종사원들의 수준 등을 살펴보아야 할 것이다.

회의장은 호텔회의장과 전문회의장(전시장, 체육관, 문화시설, 대학 강당 등)으로 구분될 수 있다. 호텔회의장을 선택할 경우는 동일 장소에서 숙박이 가능하므로 이동할 필요가 없는 이점이 있지만, 사용료가 비싼 것이 결점이다.

반면, 전문회의장은 거의 공공시설이어서 사용료가 비교적 싼 편이지만, 숙박지와의 수송이 문제가 된다.

회의장 선정과정과 점검사항은 다음과 같다.

① 회의장 사용예산을 추정한다.

② 회의장이 갖추어야 할 조건을 리스트로 작성한다.

③ 회의조건을 갖춘 모든 회의장의 목록을 작성한다.

④ 후보 회의장을 10개로 축소한다.

⑤ 사전 점검을 위해 후보 회의장 담당자와 전화 상담을 한다.

⑥ 후보 회의장을 3개로 축소한다.

⑦ 회의장을 답사 한다.

⑧ 가격, 시설, 제공 서비스 등에 대해 협상한다.

⑨ 장소를 최종 선정한다.

⑩ 계약서를 교환한다.

⑪ 예약금을 지급한다.

⑫ 회의장 사용계획안을 작성한다.

1) 회의장 선정시 점검사항

(1) 회의실 수와 규모

원만한 회의진행을 위해서는 개 · 폐회식 등 전체회의에 사용될 대회의실 외에도 분과회의, 사무국, 기자실, 대기실, 리셉션 등에 필요한 소회의실, 참가자의 등록, 커피 브레이크, 환담 등을 위한 로비공간이 충분히 확보될 수 있어야 한다.

회의실의 크기는 참가자가 너무 협소하다고 느끼거나 너무 커서 참가율이 낮다고 느낄 정도여서는 안 된다.

필요한 회의실의 수요규모는 회의의 성격에 따라 다른데, 국제회의의 경우 국제기구 본부가 '입후보요청서' 등에서 상세히 지정하는 것이 보통이다. 그렇지 않을 경우에는 회의 프로그램과 각 프로그램별 참가자 인원을 사전에 파악하여 회의실 수와 규모를 예측해야 하는데, 필요한 회의실이 누락되는 일이 없도록 해야 한다.

(2) 회의실의 배치와 기능

각 회의실은 사용하기 쉬운 상태로 배치되어야 한다. 가능하면 모든 회의실이 한 층에 있어 참가자가 엘리베이터를 이용하지 않도록 하는 것이 좋다. 또한 회의실의 안락성, 즉 의자, 환기, 조명상태가 좋은지, 연단이나 무대가 참가자가 잘 볼 수 있는 상태인지, 동시통역시스템, 음향시설 등의 기자재가 충분히 설치되어 회의실이 제 기능을 다할 수 있는지를 점검하여야 한다.

(3) 회의실 대관료

회의실 대관료는 전체 회의운영비 가운데 많은 부분을 차지하는 만큼 참가자와 주최 단체의 경제사정을 고려하여 부담을 느끼지 않을 적당한 장소를 선정하도록 한다. 대학교나 공공시설의 이용, 비수기의 회의개최를 통해 회의를 경제적으로 개최하는 방법을 고려해 볼 수 있다.

(4) 전시장 유무

전시회가 병행 개최되는 회의라면 회의 중 참가자들이 전시회를 참관할 수 있도록 회의장과 호텔의 인접지 또는 동일 장소 내에 전시장이 있는지를 알아본다.

(5) 위치/접근성

회의장의 수용규모, 비용, 등의 조건이 비슷한 경우라면 회의장의 위치가 선택의 결정적인 요소가 될 것이다. 회의의 성격 등을 고려하여 결정해야 하겠지만, 국제회의의 경우라면 공항, 숙박시설 및 기타 행사장과의 거리를 고려해야 할 것이다.

(6) 사용규정

특별 행사를 위해 고성능 음향시설을 장치할 경우, 무거운 전시물이 있을 경우 등 발생 가능한 상황에 대비해서 회의장 사용규정을 확인한다.

(7) 서비스와 종사원의 수준

이상에 대한 검토가 끝나고 모든 조건이 비슷하면 회의시설업체의 종사원, 서비스 및 음식의 수준이 선택의 기준이 될 수 있다. 이러한 사항을 알아보기 위해서는 직접 시설을 답사하여 진행 중인 회의를 관찰한다든지, 같은 시설을 이용한 적이 있는 단체에 문의해 보는 것이 좋은 방법일 것이다.

회의장의 선정과 사용계획안을 작성할 때에는 직접 회의장을 답사해 보는 것이 바람직하다. 도면만으로는 실제 사용방법을 알 수 없으므로 현장에서 회의 담당자로부터 자세한 설명을 들어보는 것이 좋다.

회의장 답사(Site Inspection)시에는 회의의 목적, 회의 시 갖추어야 할 조건을 충분히 숙지하고 있으며 객관적 입장에서 조언할 수 있는 사람을 동반하는 것이 바람직하며, 또 조사해야 할 항목의 목록을 작성하여 답사시간을 효율적으로 이용함과 동시에 꼭 점검되어야 할 사항을 빠뜨리지 않도록 한다.

2) 회의시설

국제회의가 개최되는 시설에는 호텔, 대학, 리조트, 컨벤션센터 등이 있다. 이중 천명 이상의 단체를 수용하기 위해서는 주로 컨벤션센터가 주로 이용된다.

컨벤션센터는 다른 시설들보다 규모가 크고 회의와 전문적인 공간이라는 점에서 그 중요성은 국제회의산업에서 차지하는 비중이 매우 크다고 할 수 있으므로 이 장에서는 컨벤션센터에 대해 알아보고자 한다.

(1) 컨벤션센터(Convention Center) 정의

컨벤션이라는 용어가 통용되기 시작한 시기도 분명하지 않으며, 시대에 따라 다른 의미를 가지고 있다. 본래 컨벤션은 국내회의를 뜻하였으나, 국제간 교류의 증진으로 인하여 국제간 회의를 포함하게 되었다. 그러나 현대적 의미에서 컨벤션은 단순히 국제 · 국내 회의뿐만 아니라 전시회나 견본시장 등을 포함하고 있으며, 오히려 전시, 교역 및 이벤트 기능이 더 중요시되는 경우도 있다. 컨벤션센터는 이러한 컨벤션이 개최되는 전문시설이라고 할 수 있다.

(2) 컨벤션센터 건립현황

[표 6-1] 국내 컨벤션센터 건립현황

2005년 6월 기준

개관연도	시설명	규 모		지원사항
		대회의장	전시장	
2000(5.16)	서울(COEX)	7,000석	36,027㎡	관광기금 231억원 융자('99) 지방세 면제 조감법의 부가가치세 지원과 밀부담금 감면(약 89억원 상당) 2002. 3. 15 시설업등록
2001(9.13)	부산 컨벤션센터 (BEXCO)	2,800석	26,325㎡	국고 10억원('99) 관광기금 195억원 융자('98~2000)
2001(4.19)	대구전시 컨벤션센터 (EXCO-Daegu)	4,200석	12,000㎡	산자부 750억원 지원 2001. 3. 30 시설업등록
2003	제주 국제컨벤션센터 (ICC Jeju)	4,300석	2,586㎡	국고 10억원(2000) 국고 150억원(2001) 국고 180억원(2002)
2005	창원전시컨벤션센터 한국국제전시장 김대중 컨벤션센터	5,000석 2,000석 2,000석	7,860㎡ 16,940㎡ 10,200㎡	산자부 300억원 지원

* 고양국제전시장 건립중(2003년 완공/ 산자부 50억원 지원, 총 650억원 지원 예정)
* 대전 컨벤션센터 건립추진중(2006년 / 총 812억원)
* 전주 컨벤션센터 건립추진중(2007년 / 총 500억원)
* 비고 : 경주시, 대전 · 충청권, 광주 · 전남권, 속초 · 강원도권 등 전국 주요도시에서 지방자치단체 주관하에 민자유치하여 컨벤션센터와 호텔 등 복합건물을 건립 예정

자료 : 한국관광공사

[표 6-2] 국제회의 시설 현황

2005년 6월 기준

구 분	시설	수용인원
컨벤션센터	5	19,500석
호텔회의장	97	79,636석
준 회의장	13	30,639석
계	115	129,775석

자료 : 2005년 관광동향에 관한 연차보고서, 한국관광공사.

3 체크리스트

[표 6-3] 개최시설 점검내역 및 점검사항

점검내역	점검사항
사전 점검	① 휴양지 또는 대도시 중 어느 곳에서 개최되는 것이 회의목적에 더 적합한가? ② 참가자가 대부분 어디에서 올 것인가 ? ③ 회의장소가 전 · 후 관광의 시발점이 되어야 하는가 ? ④ 호텔 객실, 기타 시설, 서비스는 어느 정도의 수준이 요구되나 ? ⑤ 예상되는 회의 시기는 ? ⑥ 예상 참가자수는 ?
과거 회의에서의 점검	① 예약 객실 수와 객실형태 ② 노 · 쇼(No-show) 숫자 ③ 사교행사 형태, 수 ④ 행사별 참가자 수 ⑤ 참가자의 입 · 출국 패턴 ⑥ 본부 측의 비용 지불 사항 ⑦ 전시회 개최 세부사항
시설 답사 시 점검	① 객실 형태별(single, double, suite) 숫자 ② 객실별 공식가격(rack rate) ③ 무료객실(complimentary room) 제공 방침 ④ 충분한 로비 공간 ⑤ 회의실 수용규모/면적 ⑥ 조명, 환기, 냉 · 온방 시스템

[표 6-3] 계속

점검내역	점검사항
	⑦ 무대면적 ⑧ 전시시설 ⑨ 사용 가능 기자재, 서비스 ⑩ 회의장과 연회용 조리실과의 동선관계 ⑪ 엘리베이터 시설 ⑫ 기타 행사장과의 거리 ⑬ 안전 및 소방시설
협상 및 예약시 점검	① 가격 구조 ② 과거 동일 장소에서의 회의개최 경험자 ③ 무료 객실/회의실 제공방침 ④ 경쟁회의장/호텔과의 가격 비교
예약 시 협상사항	① 서비스 인원 ② 전시장 면적, 장치 ③ cut-off date ④ 무료 제공 객실 ⑤ 객실료 지급관계(신용카드 및 예약금관계) ⑥ 연회장 임대료 ⑦ 주차장 사요 ⑧ 회의실 장식, 청소, 안전 ⑨ 기타

제 7 장 컨벤션 조직위원회

1 조직위원회

회의개최가 정식적으로 결정되면 개최국 내에는 국제기구 본부와 협조체제를 구축하면서 본격적인 준비활동을 추진해 나아갈 조직위원회(Host Committee)가 구성되어야 한다.

조직위원회는 회의의 준비와 운영에 대한 최고 결정기구로 위원장, 고문, 감사, 위원 등으로 구성되며, 그 하부조직으로 사무국과 각 분과위원회를 둔다.

위원회의 위원은 유관기관, 단체, 업계의 주요 인사로 선정되는데, 특히 조직 위원장은 회의를 성공리에 이끌 수 있는 유능하고 신뢰성과 책임감이 강한 인물이어야 한다.

위원장은 회의의 운영뿐만 아니라 재원 조성을 위해 각계각층을 접촉할 수 있는 문자 그대로 간판격의 인물이어야 한다.

위원들은 각 분과위원회의 위원장을 겸할 수 있음을 고려해서 각 분야의 신망 받는 인물 중에서 선정하되, 너무 바빠서 회의에 출석할 수 없을 정도로의 유명무실한 사람이어서는 안 된다.

2 사무국

조직위의 사무국은 국제기구본부와 더불어 국제회의를 준비하는 실무기관으로, 회의준비기간 중에는 서무업무와 각 분과위원회 업무의 골격을 구성하고 회의 후에는 결과보고서 작성 등 사후처리를 주된 업무로 한다.

사무국의 구성을 위해서는 일반적으로 다음의 방법을 고려할 수 있다.

첫째, 협회나 단체에 사무국이 이미 조직되어 있을 경우에는 그 조직의 인원을 강화하여 회의 사무국을 구성하고, 둘째, 기존의 사무국이 없을 경우에는 신규 인원을 채용하여 사무국을 신설한다. 셋째, 회의 사무국의 기능을 완전히 민간 국제회의 용역업체(PCO)에 위탁한다. 중 · 대형 회의의 경우에는 회의의 일부 또는 전체 운영을 PCO에게 위임하는 것이 보통인데, 회의의 규모 및 성격에 따라 위의 방법들을 적절히 혼용하여 사무국을 구성하도록 한다. 단, 첫 번째나 두 번째 방법으로 사무국을 구성할 경우에는 국제회의 운영경험이 있는 사람이 반드시 참여하는 것이 바람직하다.

사무국 인원수는 처음에는 소수정예로 시작하지만, 회의기간이 가까워지면서 점차 인원을 보강하는 것이 능률적이다.

업무로는 본부임원 및 초청인사 접대에 관한 업무와 관련관청, 기관 및 단체와의 접촉, 총무, 인사, 서무 관련 등의 각 분과위원회에 속하지 않는 업무 등이다.

3 분과위원회

조직위원회에는 회의의 정책적인 사항만 결정하고, 구체적인 준비업무는 조직위 산하에 각종 분과위원회를 설치하여 실행토록 한다. 분과위원회의 업무는 회원들에게 분야별로 분담하게 할 수도 있지만, 관광, 숙박, 수송과 같은 전문 분야에는 전문업자를 지정해서 참여시키는 것이 편리하다.

[표 7-1] 위원회별 업무

위원회	업 무
프로그램 분과위원회	① 프로그램의 내용, 일정, 연사 선정 ② 프로그램에 관한 본부와의 협의 ③ 연설문의 접수와 편집 ④ 기타 프로그램에 관한 제반 업무
재무 분과위원회	① 예산계획서 작성 ② 자금조달계획 수립 ③ 물품조달계약 및 장부관리 ④ 자금의 수납과 관리, 제 경비 지출관리 ⑤ 결산보고서의 작성 ⑥ 자금모금 관련업무 ⑦ 기타 재무, 회계에 관한 제반 업무
회의장시설 분과위원회	① 회의장 및 전시장 설치계획 수립 및 예약 ② 회의장 부대시설, 비품 및 기자재 준비 ③ 각종 게시판, 표지판 설치 ④ 전기, 인쇄, 시설요원 확보 및 운영관련 제반 업무
사교 · 영접 분과위원회	① 각종 사교행사 실시계획 수립 ② 각종 사교행사의 초대장 제작 및 발송 ③ 동반자 프로그램 계획 수립 ④ 사교행사 데스크 및 동반자 프로그램 안내 데스크 설치 ⑤ 수송계획의 수립 및 준비 ⑥ CIQ 및 관계기관과의 접촉 ⑦ 사교 및 영접관련 제반 업무
숙박 분과위원회	① 사용 호텔의 선정 및 계약 ② 숙박료 결정 ③ 숙박명부 작성 및 관리 ④ 각 호텔간의 업무 연락, 조정 ⑤ 기타 숙박관련 제반업무
관광분과위원회	① 회의 전 · 후 및 회의 중 관광계획 수립 및 예약 ② 관광데스크 설치 ③ 참가자의 개별 여행 상담 및 기타 관광관련 제반 업무

[표 7-1] 계속

위원회	업 무
등록분과위원회	① 참가등록서 제작, 발송 ② 등록서 접수관리 및 등록자 리스트 작성 ③ 등록데스크의 설치, 운영 ④ 회의기간 중 일반 안내업무 ⑤ 기타 등록관련 제반 업무
홍보 · 선전 분과위원회	① 회의 Circular 제작, 발송 ② 국내외 광고 게재 ③ Media Program 계획 및 실시 ④ Press Room의 설치 및 관리 ⑤ 기타 홍보, 선전관련 제반 업무
회의분과위원회	① 회의관련 자료의 사양 결정 및 제작 ② 번역자, 통역자 수배 ③ 통역자용 자료 준비 ④ 기타 회의 자료에 관한 제반 업무
전시분과위원회	① 전시에 관한 종합 계획수립 및 운영 ② 기본 부스 할당 및 판매 ③ 출전자 및 출전물에 관한 안내서 제작 ④ 출전물 보관, 경비 ⑤ 반입, 반출관리 ⑥ 기타 전시회관련 제반 업무

제8장 컨벤션 개최준비 사항 및 운영사항

1 예산안 편성

1) 사전점검 사항

회의의 개최가 결정되면 유치추진 단계에서 작성한 수지계획서를 좀더 세부적으로 검토하여 예산안을 작성토록 한다. 우선 예전에 개최되었던 유사한 회의의 기록을 참고로 하고 그렇지 않을 경우에는 각 위원회가 제출한 경비내역을 집계하도록 한다. 회의예산 작성에 가장 큰 영향을 미치는 요소는 참가자수, 프로그램 내용, 회의장소, 회의준비기간으로 이러한 사항을 미리 파악해 두지 않으면 안 된다.

예산계획시 고려사항으로는 ① 총수입과 총비용을 추정하여 손익분기점을 파악 ② 프로그램과 관련된 모든 비용을 검토하여 정확히 파악 ③ 고정, 변동비용을 명확히 구분하여 계획 ④ 참가자 등록비는 손익분기점을 초과하는 금액으로 산정 한다.

2) 지출

모든 예산은 고정비용과 변동비용 간의 구분을 명확히 해야 한다. 고정비용과 변동비용이 분리되어 있지 않으면 예산안의 내용을 쉽게 이해 할 수 없다. 회의에 소요되는 경비는 항목별로 회의장 임대료, 설치비, 자료 및 인쇄물 제작비, 주요인사 초청경비, 전시회 운영비, 사무국 운영비, 연회행사비, 홍보활동비 등이며, 비용의 성격에 따라 참가자 수에 관계없이 지출되는 경비의 고정비용(Fixed Costs)과 회의 참가자 수의 변동에 의해 지출되는 변동비용(Variable Costs)으로 나눌 수 있고, 고정경비와 변동경비를 합쳐 10% 정도를 계상한 예비비도 있으며, 이 세 가지를 총비용이라 할 수 있다.

[표 8-1] 고정비용과 변동비용 내역

고정비용	변동비용
· 회의장, 전시장 임차료 및 장치비 · 초청인사 연설비, 여비 · 홍보활동비 - 브로슈어 제작비 - 발송비 - 프레스 릴리스(Press Release) 제작비 - 기타 공고 등 홍보비 · 조직위 관리비(또는 PCO의 용역비) · 임차료 : 가구, 동시통역기자재, A/V 및 조명 기자재 등 · 인쇄비 : 프로그램, 등록서 등 · 장치비 : 회의장 설치, 표지판 등	· 식음료대 · 각종 공연, 사교행사비 · 관광 및 수송비 · 등록가방, 배지, 홀더 등

3) 수입/자금관리

국제회의의 경비를 충당하기 위한 재원은 회의의 성격과 규모에 따라 다르지만 크게 나누어 참가자 등록비, 주최자의 자기자금, 보조금, 후원금, 판매수입(기념품, 도서류, 회의 비디오, 테이프 판매비), 전시수입(전시회를 개최할 경우 전시 부스 판매비), 광고수입(프로그램, Circular, 보고서 등에 게재되는 광고비), 기타(잡수익 및 은행이자 등) 항목으로 이루어진다.

$$\text{참가자등록비} = \frac{\text{총경비 - 총수입}}{\text{참가자 수}}$$

자금의 관리를 위해서는 회계규정을 정하고 동 규정에 의해 자금의 출납이 이루어지도록 한다. 규모가 큰 행사의 경우 기획과정은 수 년 앞서서 시작된다. 따라서 이에 따른 지출이 발생되지만 수입은 등록비나 전시장 임대를 통해 발생하기 마련이다(준비 초기 단계에 이미 회의참가 권유를 위한 홍보 판촉비, 회의장 임차 예약금, 조직위 관리비용 등의 경비가 발생함). 따라서 대안으로 조기 등록자에게 등록비 할인 혜택을 주어 어느 정도 수입을 늘린다거나 하는 방법을 모색 할 수 있다. 그러나 초기 단계에는 자금회전 상황이 악화되기가 쉽다. 따라서 회계담당자는 합리적인 자금관리를 위해서 수입과 지출의 발생시기, 금액 등을 예상할 수 있는 자금 집행계획표를 작성하여 자금의 회전상태를 주시하여 과도한 지출을 방지하고 모자라는 자금은 조기에 조달될 수 있도록 하여야 한다.

2 숙박

컨벤션을 개최할 경우 적합한 숙박시설의 객실을 미리 마련해 두어야 하고, 객실 예약은 반드시 시간적 여유를 두고 이루어져야 한다. 호텔 선정에서 가장 중요한 요소는 호텔의 위치다. 숙박호텔은 회의장과 동일한 장소 또는 도보거리에 있는 것이 가장 바람직하며 셔틀버스를 이용할 경우에는 10~12분 거리 내에 있는 것이 좋다. 대규모 회의라면 참가자들이 여러 호텔에 분산하여 숙박하게 되는데, 이 경우에는 서로 근거리에 있는 호텔들을 선정하여 교통 혼잡으로 인한 불편과 셔틀버스 운영경비를 줄이는 것이 좋다.

최근에 인센티브형 회의가 증가하면서 다양한 활동을 할 수 있는 리조트호텔이 회의 장소로 각광을 받고 있다(김성혁, 2002).

국제회의의 경우 여러 개의 호텔이 숙박호텔로 지정되는 것이 보통이다. 설령 한 호텔이 참가자 전원을 수용할 수 있다 하더라도 대규모 회의인 경우에는 단일 호텔을 사용하는 경우가 매우 드문데 이는 장기투숙자 중 기존 손님의 기득권 유지와 서비스대상이 일시적으로 집중되는 것을 피하기 위해서이다.

숙박신청서가 접수되면 선착순으로 희망 호텔을 배정하고 호텔로 하여금 참가자에게 확인서(Preliminary Confirmation)를 송부하여 예약이 확정되었음을 알리도록 한다. 또한 객실변경이나, 취소사항 등은 호텔과 참가자 간에 직접 처리하도록 하고 동 사항을 호텔이 주최 측에 통보하게 하여야 한다.

객실 배정시에 유의하여야 할 사항은 분쟁당사국, 감정 대립국의 참가자들에 대해서 호텔을 분리 배정하여야 한다는 점이다.

숙박료는 등록비에 포함시키거나 또는 본인이 호텔 측에 직접 지급하게 하는 방법이 있다. 숙박료를 등록비에 포함할 경우에는 참가자의 행사 도중 출국을 방지하는 효과가 있다.

호텔측에 직접 지급할 경우에는 하루 객실료에 대한 예치금을 미리 지급하게 하는 것이 좋은데 지급방법은 신용카드, 수표, 송금 등으로 한다.

국제회의의 경우 객실요금은 할인요금을 적용받게 되는 경우가 많은데 행사 2~3일 전부터 시작해서 행사 2~3일 후까지 유효하도록 호텔 측과 사전에 협의를 거쳐야 한다.

호텔과의 협상에서 제일 중요한 것은 객실요금이 될 것이다.

만약 회의가 호텔에서 함께 개최된다면 객실료 외에도 회의실 대관료, 식음료가격 등이 함께 협상대상이 될 수 있으며 할인의 여지가 많아지게 된다. 호텔과의 협상시에는 회의 규모, 개최시기(비수기 or 성수기), 회의의 사회적 중요도가 매우 큰 영향을 미친다.

객실료를 협상할 때에는 협정가격의 유효기간을 회의 전후 2~3일까지로 하고, 회의 개최연도까지의 물가상승이 있더라도 협상가격으로 할 것인지, 아니면 최대한 몇 %까지 올릴 것인지 협상해야 한다. 이밖에도 check-in, check-out 시간의 연장, 예약 취소시 취소 수수료, 환급 및 무료제공 객실수가 협상의 대상이 될 수 있다.

■호텔 예약 신청서 내용

① 성명 : 성명은 반드시 완전한 철자로 기록

② 그룹명 : 회의단체명 기록

③ 주소와 전화번호 : 긴급 상황시 연락할 전화번호도 기록

④ 도착일자와 출발일자 : 일자와 함께 대략적인 호텔 도착시간이나 출발시간도 기록

⑤ 항공기 번호 : 항공기 번호를 기록함으로써 호텔측은 항공기 도착이나 출발의 지연 여부를 파악할 수 있음

⑥ 객실유형과 요금 : 객실의 유형이 다양 함으로 이용 객실의 유형과 이용금액 기록

⑦ 예약상황 : 객실요금이 미리 지불된 것인지, 보증금이 지불된 것인지 등을 확인하기 위함

⑧ 기타 : 호텔측에 요구할 내용들을 기록(VIP, 장애인, 객실전망, 엑스트라 베드 등)

3 프로그램 구성

회의 프로그램은 회의의 목적과 성격에 따라 다르지만, 일반적으로 개 · 폐회식, 각종 회의, 사교 행사 및 전시회로 구성된다. 프로그램 작성자는 회의의 목적을 달성하기 위해 필요한 각종 활동(Activities)과 가장 효과적인 실행방법 및 시간을 결정해야 한다. 프로그램의 구성과 내용은 참가자 수에 많은 영향을 미칠 수 있다. 가능한 한 참가자의 관심을 끌 수 있는 주제와 연사를 선정하고 다양한 진행방법을 채택하도록 한다.

프로그램을 구성할 때에는 과거 회의시 프로그램 내용을 참고로 하되, 그 회의만의 독창성을 살리며 주최자 측의 편의보다는 참가자의 입장에서 작성하여야 한다. 국제회의의 경우 프로그램의 편성권이 조직위원회에 있다 하더라도 본부와 조정을 거치는 것이 좋다.

1) 회의

어떤 회의든 참가자 전원을 대상으로 개최되는 전체회의와 소수의 회원이 참가하게 되는 소집단회의 (분과회의)로 구성된다. 이 두 가지 형태의 회의를 적절히 배정하여 참가자들이 흥미를 잃지 않도록 하는 것이 좋은 프로그램 편성방법이다.

이러한 회의의 형태는 ① Plenary Sessions/ General Sessions(개 · 폐회식 등 전체 회원이 참가하는 회의), ② Breakout Sessions(주제를 심도 있게 다루기 위해 일부 참가자만을 대상으로 하는 소집단회의로 Workshop 또는 Round Tables라고도 불리운다), ③ Concurrent Sessions(같은 시간대에 서로 다른 주제를 다루는 여러 개의 소집단회의가 동시에 개최되는 경우로 20개에서 200개까지의 Session이 한꺼번에 개최될 수 있다), ④ Prerequisite Sessions(소집단회의의 일종으로 일정한 조건에 의해 참가대상이 제한되어 있는 회의)로 구분할 수 있다

회의의 형태를 결정했으면 다음 단계는 프로그램의 어디에 끼워 넣을 것인가를 결정해야 한다. 회의의 하루 스케줄은 보통 09:00~17:00까지 지속되는데 이 시간 중 3~4개의 Session을 개최하는 것이 바람직하다.

일반적으로 사람이 정신적, 육체적으로 집중할 수 있는 시간은 1시간 50분에서 2시간 이내이다. 따라서 각 회기는 50분 정도로 편성하고 2회기가 끝난 후에는 반드시 커피브레이크 등 휴식시간을 배정하도록 해야 하고, 강의 형식이나 어려운 주제가 취급되는 Session이라면 정신적, 육체적으로 좋은 컨디션을 유지할 수 있는 오전 9:30~12: 00, 오후 2:00~5:00 사이에 배정하고 참가자가 회의참가를 위해 사전에 많은 준비가 필요한 Session이라면 휴식시간 뒤에 배치하도록 한다.

최근의 회의 진행방법은 참가자에게 좀 더 적극적인 참여를 요구한다. 가만히 앉아서 청취하는 수동적인 방법보다는 첨단 기자재를 이용하고 이벤트를 개최하는 등 참가자의 흥미와 참여를 유도하는 방법이 사용되고 있다. 아래에 제시된 진행방법을 잘 혼합하여 회의진행을 입체적으로 하는 것이 좋은 프로그램을 구성하는 요령이다.

[표 8-2] 회의 종류별 진행방법

회의 종류	진행방법
강연회	주로 전체 회의에 사용되는 방식으로 보통 저명인사의 연설을 듣는 것만을 주로 하며 질의 응답은 하지 않는다. 질의응답을 하는 경우에는 그 사실을 사전에 강연자에게 알려 본인의 승낙을 얻어야 한다. 강연자는 강의 시에 비디오, 슬라이드 등 강의내용의 이해를 도울 수 있는 시청각 교재를 이용하여 참가자의 관심을 유도하도록 한다.
패널(Panel)/ 심포지엄(Symposium) / 포럼(Forum)	전체회의와 소규모 회의 모두에 사용될 수 있으며 청중의 참가를 유도할 수 있는 효과적인 방법이다. 진행방식은 먼저 하나의 주체에 대해 서로 견해를 달리하는 3~4명의 연사/패널리스트가 각자의 의견을 이야기하고 서로 토론을 벌인다. 그 후 사회자가 청중으로부터 질문을 받아 청중과 발표자간의 토론을 실시한다. 청중의 질문은 회의장에서 직접 받는 경우도 있으나 질문서로 제출받아 사회자가 요지를 파악한 후 질문을 하게 하는 것이 좋다.
Poster Session	학술회의/과학 · 기술 회의에서 많이 사용되는 방식이다. 구두로 설명하는 것보다 그림, 사진과 함께 문자로 설명하는 편이 이해하기 쉽거나 발표내용을 연속적으로 게시해두고 싶은 경우에 흔히 사용되는데 발표자가 공고판에 발표내용을 게시하고 게시판 주변에 대기하고 있어 그 테마에 관심이 있는 참가자와 토론을 할 수 있다. poster Session의 경우 발표자에게 사전에 반입 · 반출시간, poster 크기, 설치방법, 운영방식을 알려야 한다.

이와 같이 세워진 회의프로그램 안을 바탕으로 연사와의 교섭이 시작되게 되며 기타 리셉션, 여행, 동반자 프로그램, 전시회 등은 관련 분과위원회별로 구체적인 내용을 작성하도록 한다.

2) 관련 행사 프로그램

국제회의에는 국내 · 외 각지에서 각계각층의 사람들이 참가한다. 이들 참가자에게는 회의중 또는 전 · 후에 행해지는 관광과 리셉션 등의 관련행사가 큰 즐거움이자 또 참가목적의 하나가 될 수 있다. 매력 있는 관련 행사의 기획은 참가자 증가의 관건이 될 수 있다. 주요 관련행사와 그 기획상의 주의점은 다음과 같다.

(1) Coffee Break

회의 중간 참가자들이 음료수와 간식을 하면서 담소하는 휴식시간이 필요하며 프로그램 작성시에 반드시 반영해야 한다. 오전, 오후 각 1회씩 개최하는 경우와 오후 1회만 제공하는 경우가 있는데 휴식시간은 1시간당 10분 정도를 할애하는 것이 좋다.

(2) 식사/리셉션

식사시간과 리셉션은 회의참가자에게 친목과 환담의 장을 제공하며 회의를 성공적으로 이끄는 윤활유 역할을 한다. 대부분의 식사/리셉션은 주최기관, 개최 도시 등이 비용을 부담하고 참가자는 무료로 초대된다.

식사/리셉션의 종류와 수는 과거 회의시의 관례에 따른 것이 무난하다.

식사/리셉션을 주최자별로 구분하면 첫째, 회의 주최 국제기구와 조직위에서 주최하는 것, 둘째, 관련 관청에서 주최하는 것, 셋째, 지방자치단체에서 주최하는 것, 넷째, 관련 기업, 단체가 주최하는 것, 다섯째, 차기 주최국에서 주최하는 것 등이 있다.

첫째에서 셋째의 경우는 공식행사의 범주에 들고, 넷째에서 다섯째는 사교적인 성격의 행사라 할 수 있다. 그러나 사무국에서는 비공식 사교행사 계획도 파악하여 공식행사에 지장이 없도록 조정하여야 한다. 경우에 따라서는 행사장까지 셔틀버스가 운행되어야 하며 동일한 성격의 리셉션이 연속되지 않도록 한다.

식사/리셉션의 형식은 다음 표와 같다

[표 8-3] 식사/리셉션의 형식

식사/리셉션 종류	형식
정식만찬(Dinner Party)	격식에 따라 formal, semi-formal, informal로 구별
오찬(Luncheon)	주류는 제공되지 않으며 회의장 내에서 행해지는 경우가 많음
뷔페(Buffet)	리셉션의 형식으로 가장 많이 행해진다. 회의장 내의 이동이 자유롭고 부담없이 환담을 즐길 수 있으며 주최자로서도 준비가 간편함
칵테일 파티 (Cocktail Party)	음료가 중심이 되고 가벼운 식사가 제공되는 파티로 통상 저녁 전에 개최된다. 격식은 없고 편안하게 퇴장이 가능하다.

식사/리셉션은 주최 측의 비용부담 여부에 관계없이 프로그램 상에 반드시 그 시간이 반영되어야 한다.

(3) 관광

국제회의에서는 통상회의 전후 관광(pre and post tours)을 계획하지만 참가자의 휴식을 위해 회의 중에 관광을 실시하는 경우도 있다. 또 일반적으로 관광과는 별도로 회의내용을 보충하기 위한 견학도 실시된다. 관광행사를 할 때는 우편으로 참가신청서를 미리 보내 행사에 참여할 대략의 참가자 수를 파악해야 한다. 회의가 개최되면 회의기간 중 관광안내 데스크를 운영하여 추가적인 접수를 받아 최종참가자수를 결정한 관광행사는 최소한의 인원이 확보되지 않을 경우 이루어지지 못하므로 이러한 점을 참가자들에게 사전에 알려 주어야 한다.

회의 전 이루어지는 관광은 그다지 일반적이지는 않지만 회의종료 즉시 귀국하지 않으면 안 되는 참가자의 편의를 위해서 실시하는 경우가 있다. 등록전이기 때문에 참가인수의 파악이 어렵고 변경될 확률이 높기 때문에 주의할 필요가 있다.

회의전후의 관광이 참가자의 부담으로 행해지는 것에 비해 회의 중 관광은 주최 측에서 부담하는 경우가 많고 기간도 짧다. 회기 중의 1일을 Excursion Day로 프로그램에 넣어두는 경우도 있으나 회기가 3~4일 단기간일 때에는 실시하지 않는 경우가 많다.

대부분의 회의에서 실시되며 주로 2~3일 코스와 5~6일 코스로 2~3종류 기획되는 경우가 많다. 주최자가 초대하여 실시하는 회기 중 여행은 주최자 측의 일원이 동행하여 알선을 담당하지만 회의전후 여행은 여행사에 일임하기 때문에 주최 측이 동행하는 경우는 그리 많지 않다. 관광프로그램에 관해서는 신뢰성이 있는 여행사에 위탁하며 회의장 내에 전담 여행사의 데스크를 설치하여 참가자의 편의를 도모하는 것이 좋다.

또한, 전문기술회의와 학술회의가 개최되는 경우 그 회의에 관계한 시설의 학술관련 시찰이 종종 행해진다.

공장 견학은 학술관련시설의 시찰과 같은 목적으로 회의내용의 보충을 위해 실시하는 경우와 주최국의 기술현장을 견학하게 하려는 관광 · 홍보적 측면에서 실시되는 경우가 있다.

(4) 동반자 프로그램

동반자 프로그램은 회의 개최지의 특색 있는 예능과 공예를 보여주는 경우가 많다. 참가자가 스스로 참가하여 즐길 수 있는 프로그램을 넣으면 더욱 좋다. 한 장소에서 참가자가 이동하지 않고 여러 가지 프로그램을 실시하는 방법과 참가자를 버스로 수송하여 다른 장소를 방문하게 하는 방법 두 가지가 있다.

(5) 전시회

회의에 병행되는 전시는 회의내용과 관련 있는 기업 및 단체가 자사 상품의 PR을 목적으로 개최하는 상업전시회와 회의 발표내용을 보충할 목적으로 게시물과 견본을 전시하는 비상업 전시회가 있다. 어떤 경우라도 회의 관련 행사로서 정식 프로그램에 넣는 것이 일반적이다.

4 홍보선전

모든 산업분야에서 제품을 선전하여 소비자에게 구매동기를 부여하듯 회의준비과정에서도 회의(상품)를 참가 예상자(고객)를 대상으로 홍보하여 참가율을 증대시키고 회의와 회의주최기관에 대한 이미지를 높일 필요가 있다. 국제회의에는 다각적인 홍보가 필요하다. 그 방법으로는 패쇄회로, TV방영, 언론인 취재지원, 주요인사 특별면담 주선, 촬영금지지역에 대한 허가, 관광관련자료 게재 등 여러 가지를 들 수 있다.

회의의 홍보는 예상 참가자를 대상으로 회의내용과 회의참가의 이점을 알림으로써 참가를 권유하는 것과, 각종 홍보매체에 광고와 기사를 게재하여 회의와 회의 주최기관에 대한 좋은 이미지를 형성하는 것이라 할 수 있다.

참가자 확보는 회의의 성공을 위한 가장 기본적인 요소가 된다. 예상 참가자를 대상으로 참가를 권유하기 위해서는 그들의 성향과 요구 즉 시장조사를 하고 거기에 맞는 홍보내용, 시기, 방법을 선택해야 한다.

참가권유를 위해 가장 일반적으로 사용되는 방법은 각종 브로슈어 등 홍보물을 예상 참가자의 집이나 직장으로 배달하는 DM(Direct Mail) 방식이다. 홍보물의 발송을 위해서는 배포대상을 확정해야 하는데 보통은 과거 회의시 참가자 명단, 주최 단체의 회원명부, 유사기관의 회원명부를 참고로 하여 메일링 리스트를 작성하게 된다. Mailing List는 항상 최신 자료로 DB를 정리하여 놓고 논문게재신청, Circular, Poster 또는 각종 Letter 발송에 사용한다. 발송된 우편물은 수신자 주소변경 등으로 반송되는 것이 상당수 있으므로 잘못된 주소는 빨리 삭제하여 불필요하게 우편물이 재발송되는 것을 막는다. DM작성시 다음 사항들을 주의한다. ① DM은 좋은 인상을 주어야 한다 ② 순차적으로 필요한 정보를 보완, 추가 수록하여야 한다. ③ 적당한 시기에 발송한다. ④ 비용면에서 효과적이어야 하며 전차회의 것을 되풀이하지 말아야 한다. ⑤ 새로운 정보로 예상 참가자의 관심을 자극해야 한다. ⑥ 회신에 필요한 충분한 연락처 정보를 수록하여야 한다. ⑦ 디자인 및 색상 자체 등에 주의해야 한다. 종류로는 편지, 브로셔, 안내 홍보물이 있다.

개최지, 개최기일 등이 결정되는 초기단계에 관계자에게 개최사실을 처음으로 알리기 위한 알림장으로서 개최일시, 개최장소, 회의면 등의 정보가 수록된다. 동봉되는 반송용지에는 성명, 직업, 연락처와 참가 의향, 차후 자료 송부의 필요 유무, 논문 제출 예정 등의 항목을 만들어 개최규모(참가인원)의 결정을 위한 예비 자료로 활용한다.

Circular라고 하는 것은 회의참가 가능성이 사람에게 회의에 관한 정보를 알리고 참가를 권유하는 팜플렛이다. 회의의 종류와 개최기간에 따라서 발송되는 Circular의 종류와 횟수가 변하지만 보통 2~3회 발송하는 것이 통례이다. 발송시점은 회의 준비 일정과 밀접한 관련이 있다. Circular는 회를 거듭하게 됨에 따라 좀 더 상세한 정보를 참가희망자에게 전해주는 동시에 참가자의 참가의사와 요구사항을 파악하여 행사준비를 효율적으로 하기 위해서 각종 질의양식을 동봉한다.

모든 홍보물은 외형적으로 흥미와 관심을 끌 수 있으며 내용적으로는 회의의 중요성과 가치를 예상 참가자에게 설득력 있게 전달하는 메시지가 되어야 한다.

홍보물의 디자인은 외부 전문 디자인업체에 맡길 수 있으나, 간단한 형식일 경우에는 최근 책자 발간용 소프트웨어와 레이저 프린터의 발달로 자체 제작하는 경우도 많다.

모든 홍보자료에는 회의의 로고(logo)가 포함되어야 한다. 로고는 회의의 테마에 착안하여 제작할 수 있는데 일종의 회의의 상징이 된다. 모든 인쇄물에 로고를 사용함으로써 회의 주최자의 이미지를 심어줄 수 있다.

홍보물 디자인시 글자체는 홍보물 제작을 위해서는 읽어서 이해하기 쉬운 서체를 선택하고 충분한 글자 간격 및 글자 크기를 유지해야 하며, 인쇄물의 지질은 우아하고 고급스러운 느낌을 주고, 색상은 회의주제와 분위기를 암시할 수 있다. 따라서 인쇄용지와 잉크색상이 회의주제와 주최단체의 성격에 어울려야 한다.

각종 홍보물의 발송 외에도 국내외 관련 분야의 전문지, 또는 유력 일간지 등에 광고를 게재하는 것도 좋은 방법이다. 광고게재를 위해서는 원하는 매체를 선정하여 광고료, 발행일, 광고 마감일, 광고안 제작조건 등을 조사한다.

광고안은 공고형식의 단순한 디자인일 경우 자체적으로 만들 수도 있으나, 대부분의 광고대행사에서 제작하도록 한다. 광고의 문구는 참가자의 관심을 끌 수 있도록 짧으면서도 함축적이어야 하며 행사명, 장소, 기간, 세부정보 문의처 등의 간단한 행사내용도 포함되어야 한다.

이외에도 국제기구 본문 및 각 지역 지부 인사와의 협조를 통한 회의 참가유도를 하는 방법이나 각종 행사를 통한 선전활동(환영연회, 민속공연, 영화, 슬라이드 상영, 기자회견 등을 보통 전차 총회시 개최)과, 항공사와 여행사의 해외 지점의 협조를 통한 회원대상 회의참가 유도 등의 홍보활동도 전개해야 할 것이다.

5 등록

등록의 가장 기본적인 목적은 참가인원 수를 파악하는 것이다. 회의등록은 참가자들의 행사참가를 공식적으로 확인하는 절차로서 주최자에게는 참가자수, 참가자의 입 · 출국 현황 등 회의운영에 필요한 많은 정보를 제공해 준다. 일반적으로 모든 회의의 등록은 회의 개시 전 우편으로 등록하는 사전등록(Pre-Registration)과 행사 현장에서 이루어지는 현장등록(On-Site Registration)의 두 가지로 분류할 수 있는데, 사전등록은 현장등록과 다르게 자금흐름의 확보, 참석인원예측, 현장등록 운영 부담 경감, 등록업무 경감, 홍보활동 보조역할, 홍보 가이드라인 제공, 업무의 융통성 등의 이점을 가지고 있다.

등록과 관련해 발생되는 업무로는 등록비 및 등록기간 설정, 등록서 제작 · 발송, 등록서 접수, 등록 Master Card 작성, 등록가방 제작, 등록데스크 설치, 현장등록 시작 등이 있다.

1) 등록비 · 등록기간 설정

일반적으로 등록비는 각종 회의, 사교행사, 관광프로그램 참가비 및 회의자료에 대한 비용으로 경우에 따라서는 숙박비를 포함하기도 한다.

등록비는 회의 참가자수에 직접적인 영향을 끼친다. 따라서 예산이 부족하더라도 등록비를 큰 폭으로 올리지 말고 전 회의와 동일하거나 물가상승분 정도만 반영하는 것이 좋다.

등록비는 회원, 비회원, 동반자 등 참가자의 자격과 등록 시기에 따라 차등을 두는데, 일반적으로 동반자는 회원의 1/2~1/3, 비회원은 1. 5~2배이며 초청인사의 경우에는 등록비를 받지 않는다.

조기 등록자에게는 등록비의 할인혜택을 줌으로써 참가자로 하여금 조기에 참가를 결정하도록 유도하는 것이 관례로서 주최자 입장에서는 자금조달을 쉽게 하기 위해 필요한 조치이다.

국제회의의 경우 등록비와 등록기간의 설정을 국제기구 본부에서 맡아서 하는 경우가 많다.

2) 등록서 제작 · 발송

국제회의의 경우 등록신청서 양식(Registration From)은 국제기구 본부가 직접 결정하는 것이 보통이다. 양식은 매년 달라질 수도 있겠으나, 통상 기본형에서 크게 바뀌지 않는 것이 관례이다. 제작된 양식은 각종 회의정보자료와 더불어 전년도 회의참가자 등 예상 참가자와 각국 지부를 대상으로 6~12개월 전에 발송되어야 한다.

일반적으로 등록신청서에는 성명, 소속기관, 직책, 주소, 전화, 도착 및 출발 일정, 참가할 각종 행사, 희망 숙박호텔, 등록비 납부방법 등의 기재란을 둔다. 등록신청서는 3장을 한 세트로 하되, 색상을 달리해서 본부 보관용, 조직위 참고용, 참가자의 등록확인용으로 사용할 수 있게 한다.

3) 등록서 관리

등록신청서와 등록비가 접수되면 본부에서는 접수사실을 확인하는 확인서(Letter of Acknowledgement/Confirmation)를 회원에게 발송한다. 이것은 등록비를 수령하였다는 일종의 영수증과 같은 효력을 가지는 것으로 회의 참가시 꼭 지참하도록 한다.

4) 등록가방 제작

대부분의 회의에서는 등록시 회의기간 중 참가자가 필요로 하는 각종 자료를 등록가방 속에 넣어서 배포한다. 참가자에게는 가능한 한 사전에 낳은 정보를 주는 것이 반복된 질문을 피할 수 있는 길이다.

등록가방의 내용물은 다음과 같다.

- 명찰
- 개최도시 시장, 주최기관장 등의 환영 서신
- 개최도시 및 관광지 소개책자, 지도
- 회의 스케줄, 프로그램, 셔틀버스 운행표
- 식당 리스트
- 참가자 명부
- 필기도구, 메모지
- 각종 행사 초청장
- 기념품
- 회의내용 및 진행과 관련한 각종 설문지

자료 : 국제회의 이론과 실제, 임주환 · 양덕희, 2004.

5) 등록데스크 설치

등록 장소는 보통 컨벤션센터 또는 본부호텔에 설치한다. 등록 장소는 성격상 회의 바로 전날 또는 회의 당일 특정 시간대에 참가자가 집중되는 곳이기 때문에 무엇보다도 통행에 방해를 주지 않기 위한 충분한 공간의 확보, 신속하고 기능적인 업무처리를 위한 효율적인 배치가 중요하다.

또한 회의에 대한 첫인상이 결정되는 곳이니 만큼 미적인 면도 고려하여야 한다. 신속한 등록을 위해서는 등록데스크를 사전 등록대, 현장 등록대 및 계산대로 나누도록 한다. 사전 등록대와 현장 등록대는 알파벳순으로 분류한 여러 개의 카운터를 설치해서 참가자가 자기 성명의 알파벳에 해당하는 카운터에서 등록하도록 함으로써 참가자의 분산을 유도할 수 있다.

다음 아래는 설치장소 선정시 고려 할 사항이다.

① 등록 데스크 설치에 몇 개의 부스 또는 테이블이 필요한가?

② 회의기간 동안 등록데스크 설치 장소를 변경하지 않아도 되는가?

③ 대규모 인원을 수용할 수 있는 공간이 확보되어 있는가?

④ 등록요원을 위한 조명 및 통풍시설이 갖추어져 있는가?

⑤ 참가자가 등록양식 작성을 할 수 있도록 등록데스크와 별도로 Writing Counter가 설치되어 있으며 이러한 Counter를 여러 개 설치할 수 있는 공간이 충분한가?

⑥ 등록데스크는 회의장에서 가까운데 위치해 있는가?

⑦ 등록 안내표지판이 눈에 잘 띄게 설치되어 있으며 참가자의 동선에 방해가 되지 않는가?

⑧ 전원은 충분한가?

⑨ 장애인 참가자의 접근이 용이한가?

등록대의 설치를 위해서는 각 데스크의 위치, 크기 등을 구체적으로 나타내는 도면(Floor Plan)과 작업 지시서를 작성하여 장치업자에게 정확하게 주문하도록 해야 한다. 작업 지시서에는 데스크 위치, 장식(데스크 명패 등) 뿐만 아니라 필요한 전자제품(컴퓨터, 배지, 프린터 등)에 대한 내용을 명시토록 한다.

등록데스크의 배치형태는 업무처리의 신속한 처리와 업무의 효율성을 높이는데 상당한 영향을 미친다. 따라서 데스크 배치형태는 □ 자형의 형태로 배치하는 것이 가장 이상적이다. □ 배치형태는 모든 사람의 움직임을 한눈에 볼 수 있어 효율적으로 일을 처리 할 수 있다.

□ 자형의 또 다른 장점은 가운데 공간을 활용할 수 있다는 점이다. 가운데 공간에 테이블보를 씌운 테이블을 배치하여 테이블 아래는 각종 물건을 보관하는 장소로 사용하고 테이블 위에는 전화, 문구용품 등을 준비하여 등록양식작성 등을 위한 공간 등으로 활용할 수 있다.

등록 장소에는 등록을 위한 데스크 외에도 참가자에게 각종 서비스를 제공하는 다음과 같은 데스크들이 필요한데 Membership(회원의 주소변경, 자격변경, 신규 회원의 등록을 담당), Message Center(참가자간의 연락사항, 전화메시지 전달), Tour

Desk(관광예약, 식당예약, 항공권 예약 확인, 공항 버스표 배부, 개최도시 및 관광안내), Information(회의정보 및 일반사항 안내), Next Year's Meeting Booth(차기 회의 홍보용 데스크로 차기 회의 조직 위원회에서 운영) 등이 포함된다.

이외에도 물품 보관, 각 행사의 초청장 배포를 위한 데스크가 필요할 수 있다.

6) 등록절차

등록절차는 다음 아래 그림과 같다.

[그림 8-1] 등록 절차

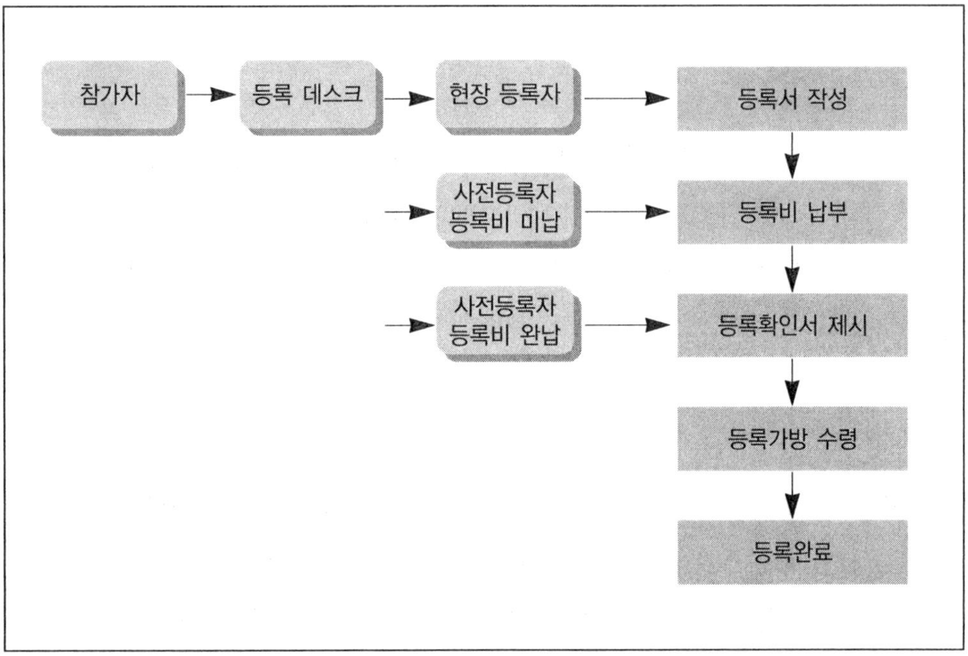

7) 등록요원 배치

등록데스크에는 등록업무를 잘 파악하고 있는 조직위 요원과 임시 채용자를 한 조로 하여 로테이션 형태로 배치하되, 최소한 숙련된 요원 중 1명은 항시 배치되어 있어야 한다. 필요한 등록데스크의 요원의 수는 등록자 100명당 1명 정도이다.

임시 채용자를 배치할 경우는 외국어 구사 수준과 신뢰성을 고려하며, 배치전에 충분한 교육을 실시하고 등록절차와 관련된 지침서를 작성 배포토록 한다. 특히 계산대는 금전을 취급하는 만큼 국제기구본부 요원이나 조직위 요원이 직접 담당하는 것이 좋다.

데스크 운영기간은 보통 회의 이틀 전부터 회의 종료시까지인데, 회의 당일 또는 회의 첫날이면 등록이 끝나는 경우가 많다. 따라서 근무시간, 기간 및 배치 요원의 수는 상황에 따라 탄력적으로 운영한다.

6 수송

일반적으로 회의참가자들을 위한 수송은 참가자 입·출국시 공항과 숙박시설간, 회의기간 중 숙박시설과 회의장간, 그리고 각종 행사장간에 이루어진다. 수송은 정부특별승인서 발급, 항공료 할인 등 참가대표의 출입국 항공이용편에 편의를 도모하고, 특별열차운행, 특정구간에 대한 버스운행, 기타 교통수단을 확보하여 국내교통 수송수단의 원활화를 꾀한다.

1) 항공수송

국제회의에 참가하는 해외 참가자들의 교통수단은 항공편이다. 국제회의가 개최되면 많은 해외 참가자들이 항공기를 이용하게 되므로 개최지역에 취항하는 각 항공사는 회의의 공식 항공사로 지정되길 원할 것이다. 일반적으로 회의 개최국의 국적 항공사가 공식 항공사로 지정되지만, 기타 항공사가 복수로 지정되는 경우도 있다.

공식 항공사의 지정은 항공사측에게는 항공권 판매수익을 올리고 자사를 홍보할 수 있는 기회가 될 뿐 아니라 회의와 전시회 화물의 수송권을 얻을 수 있는 이점이 있고, 주최측은 항공료의 할인 등 항공사로부터 여러 가지 서비스를 기대할 수 있다. 서비스를 자세히 살펴보면, 첫째, 항공료 할인이다. 항공사와 협상할 때 우선 고려할 사항은 항공료이다. 가격협상은 보통 출발지에서 목적지까지의 일반왕복요금에 일정비율의 할인율을 적용하는 것으로 보통 20~50%까지 할인혜택을 받을 수 있다. 회의시기, 서비스내용, 탑승인원에 따라 적용 요율은 달라질 것이다. 또한 본부요원, VIP 등에 대한 무료 또는 대폭 할인된 항공권 구입조건도 결정하도록 한다.

둘째, 화물수송료 할인적용이다. 회의자료 및 전시물 운송시 할인율을 적용받도록 한다.

셋째, 광고 게재이다. 각종 회의 홍보물에 항공사는 광고를 게재함으로써 재정적 도움을 준다.

넷째, 입출국 정보 제공이다. 항공사의 예약시스템을 통해 참가자의 입출국 정보를 수시로 제공받아 육로 수송, 숙박, 등록관계 등의 업무를 무리 없이 진행할 수 있다.

다섯째, 홍보물 제공이다. 대부분의 항공사는 회의 개최지에 대한 질 좋은 홍보물을 보유하고 있다. 회의기획자는 이 홍보물을 일정량 제공받아 참가자들에 배포, 더욱 높은 호응을 기대할 수 있다.

여섯째, 항공데스크 운영관리이다. 항공사에 항공권 예약 및 재확인을 위한 안내데스크를 운영토록 한다.

2) 육상수송

육상수송의 주된 업무는 참가자의 입 · 출국시 공항과 숙박호텔 간의 수송 및 행사기간 중 숙박호텔과 행사장간 셔틀버스 운행, 최소한 교통편에 대한 정보를 제공하여야 한다.

주최측은 참가자에게 공항과 숙박호텔간 교통편을 제공하거나 최소한 교통편에 대한 정보를 제공하여야 한다.

공항과 숙박호텔 간의 참가자 수송을 위해서는 별도의 차량을 임대할 수도 있으나, 최근에는 공항버스가 공항과 주요 호텔 간을 운행하기 때문에 공항버스를 이용하는 것이 편리하다. 공항버스 측과의 계약시에는 일부 숙박호텔이 노선에 빠져 있을 경우 포함되도록 하고 참가자의 입 · 출국이 러시를 이루는 시기에는 추가 차량이 배차되도록 해야 한다. 참가자의 입출국 시간은 등록서에 기재란을 두어 미리 파악함으로써 차량의 배차간격을 계획할 수 있다.

참가자에게는 행사용으로 특별히 제작된 승차권을 배포하여야 하는데, 입국시에는 공항 안내데스크에서 출국용은 행사기간 중 관광안내 데스크에서 배포하는 방법이 있다. 공항버스의 이용방법은 미리 Circular등에 수록하고 기타행사 로고, 심벌 스티커를 참가자에게 배표하여 입국시 가방에 부착하게 함으로써 참가자 여부가 쉽게 인지될 수 있도록 한다.

참가자들의 입 · 출국 시기에는 행사요원을 공항에 배치하여 참가자에게 교통편을 안내하도록 한다.

국제회의의 경우 주최자는 참가자들의 호텔, 회의장, 주요 행사장간 이동시 셔틀버스를 운행하는 등 교통편의를 제공해야 한다. 특히 우리나라와 같이 교통이 혼잡한 지역에서는 더욱 세심한 배려가 필요하다. 셔틀버스를 운행하기 위해서는 수송회사의 선정, 운행계획 수립, 운행스케줄 안내서 발간, 교통통제 요원의 배치, 주차장 확보 등 여러 가지 준비사항이 발생하게 된다.

7 관광

회의와 연계된 관광행사는 일정에 따라 구분할 수 있다 회의전후에 실시하는 관광은 숙박을 포함, 여유있게 지방관광까지 할 수 있다. 그러나 회의 중 관광은 개최지 주변의 관광시설 시찰 및 쇼핑 등을 포함하는 1일 관광코스로만 만족하여야 할 것이다. 회의 후 관광은 종료직후 참가자들이 바로 출국할 수 있도록 일정을 잡도록 한다. 그러나, 관광은 위에서 살펴 본 바와 같이 회의 전, 회의 중, 회의 후의 관광으로 구분할 수 있다.

관광행사의 기획시에는 단일프로그램보다는 참가자들이 선택할 수 있도록 여러 개의 관광코스를 선정해 둔다.

관광행사를 진행하기 위해서는 두 가지 중요한 사항이 있다. 첫째는 신뢰할 수 있고 실적 좋은 전문여행사를 선정하는 것이다. 좋은 여행사를 선정하여 계획을 조기에 세우는 것이 시행착오를 줄일 수 있는 가장 좋은 방법이다. 둘째는 예상되는 참가자들의 성향에 따라 호응도가 높을 만한 코스 및 교통, 숙식 편을 결정하는 것이다. 여행사와 동사항에 대해 협의한 후 비용을 산출하고 관광행사와 관련한 모든 사항을 일임토록 한다.

국제회의 참가자에게 참가신청서와 관광프로그램을 제작하여 송부한다. 관광프로그램에는 계획된 관광행사 일정과 사진을 포함하여 관광자원을 설명하고 요금을 명시하여 대표자가 참가결정을 할 수 있도록 하며, 참가신청은 우편으로 신청을 받아 1차로 참가자수를 확정하고 회의기간 중 관광안내데스크를 운영하여 추가접수를 받아 최종 참가자수를 결정한다. 최소한의 참가자가 확보되지 않는 관광코스는 취소될 수 있음을 사전에 주지시켜야 한다.

참가신청서는 회의등록신청서 발송시에 동봉하여 우송하는데, 참가자 인적사항과 관광행사, 선택사항, 회송처 등을 수록한다.

8 식음료 제공

회의에는 식음료가 제공되는 여러 행사가 있다. 이런 행사의 대부분은 참가자에게 식사를 제공하는 목적 외에도 참가자간에 교제할 수 있는 기회를 제공해 주기 위한 목적이 있다.

식음료행사에 있어 검토해야 할 부문은 식당과 연회장의 시설과 서비스 · 메뉴 · 조리기술 및 서비스제공자의 질적 수준 등 많은 사항을 포함한다. 회의에서 제공되는 식음료는 단순히 배를 불리기 위한 것이 아니기 때문에 메뉴의 선택뿐만 아니라 연회장의 장식과 서비스, 식사중의 프로그램진행 등에 신중을 기해야 한다.

식음료가 제공되는 행사에는 각종 식사, 커피 브레이크, 리셉션 등이 포함되는데, 이들 행사의 기획 시에는 ① 개최장소 ② 개최시간 ③ 메뉴 ④ 연회장 배치와 서비스 형태

⑤ 예산 등을 검토하여야 한다.

1) 커피 브레이크(Coffee Break)

회의에서는 참가자들을 한 장소에 1시간 30분~2시간 이상 머물게 해서는 안 되는 것이 원칙이다. 장소를 옮길 때 즉, 회기와 회기 사이마다 휴식시간을 가지는 것이 보통이며, 이때에 간단한 음료수(주로 커피)와 음식류를 참가자에게 제공한다.

각자가 원하는 것을 먹는 뷔페 스타일의 커피브레이크는 회의실과 인접한 방이나 로비 등에서 제공되는 경우가 대부분이다. 또는 회의가 개최되고 있는 방의 뒤쪽이나 한쪽 벽면에 테이블을 비치하여 회의기간 내내 참가자가 원할 때마다 스스로 이용할 수 있는 형태로 제공되는데, 주최자는 주기적으로 부족한 양을 보충하여야 한다.

메뉴로는 오전 브레이크에는 커피와 차, 롤빵, 오후에는 커피와 소프트 드링크류가 제공되는 것이 일반적인데, 좀 더 색다르게 요구르트, 과일, 팝콘, 땅콩 등이 제공되는 경우도 있다.

2) 정찬(Full-course Meals)

식사는 회의에 정해진 범위 내에서의 예산(1인당 단가 기준)에서 이루어져야 한다. 회의기간 중 주최 측이나 후원자들이 제공하는 식사의 경우에는 회의장내의 연회장에서 개최되는 것이 일반적이다. 회의가 호텔외의 전시장이나 컨벤션센터 등에서 열릴 경우에는 자체적으로 식음료를 제공할 수 없는 경우가 많기 때문에 가까운 호텔이나 케이터링(catering)회사에 식사준비를 의뢰하기도 한다.

메뉴는 회의 시설내 식음료지배인이나 담당자와 협의하여 결정하는데 맛과 영양, 음식의 색상, 메뉴의 비반복성, 음료수 선정 등을 고려하여 정하여야 한다.

식사를 제공하는 방식은 크게 Seated Service와 Buffet Service로 구분 할 수 있다. Seated Service는 웨이터/웨이트리스가 테이블로 음식을 직접 제공하는 방식이며, Buffet Service는 음식테이블에서 각자가 알아서 자기 몫의 음식을 가져다 먹는 형식이다. 이때 음료수, 접시, 빵과 버터, 조미료를 미리 테이블에 준비해 놓고 애피타이저, 주식, 후식이 제공되는 곳을 분리하는 것이 식사의 흐름을 원활하게 할 수 있는 좋은 방법이다.

Sit-down Meal에서 웨이터가 음식을 서빙 하는 방법으로는 서빙방법 중 가장 능률적 방법인 Plate/American Service와 웨이터가 각 테이블 몫의 음식과 접시를 운반해 오면 참석자들이 옆 사람에게 돌려가면서 스스로 분배하는 방식의 Family/English Service, 웨이터가 각 테이블 몫의 음식을 준비해 와서 각자의 접시에 덜어주는 형식으로 가장 우아한 방식인 Platter/Russian Service 및 참석자의 테이블 옆에서 음식을 바로 만들어서 제공하는 형식의 Tableside/French Service 등이 있다.

3) 리셉션(Reception)

리셉션은 모든 행사에서 빠져서는 안 될 중요한 행사 프로그램 중에 하나이다. 이러한 리셉션은 전통적으로 칵테일파티를 의미하는데 참가자들이 한두 잔 음료수를 마시는 단순한 형태에서 뷔페식의 음식과 음료수가 제공되는 형식에 이르기까지 다양하게 준비될 수 있다.

리셉션에서는 술과 음료수 및 간단한 음식이 제공되어야 하며, 분위기는 은은한 조명과 어울리는 장식 및 음악 등을 연출하여 행사가 진행되어야 할 것이다.

리셉션은 회의장에서 벗어나 새로운 장소에서 새로운 분위기로 개최되는 것이 이상적이다.

메뉴 칵테일이 제공되는 것이 일반적이다. 이때 여러 종류의 음료수가 제공되는 것이 이상적이나, 적어도 와인과 소프트 드링크류는 꼭 준비되어야 한다. 그 밖에 땅콩, 감자 칩, 카나페(canape)가 제공될 수 있고 성찬이 준비되는 경우도 있다.

격식이 없는 작은 규모의 리셉션일 경우에는 셀프서비스 형태로 진행되고 격식을 차리는 경우에는 바(bar)를 설치하여 바텐더가 서비스 한다.

9 전시회 운영

국제회의 프로그램의 일부로 개최되는 전시회는 회의의 내용과 관계된 상품이나 서비스를 전시하여 참가자에게 새로운 정보를 제공하며, 회의 주최자에게는 회의 운영경비의 상당부분을 충당할 수 있는 중요한 수입원이 되기도 한다.

이러한 이유로 인해 최근 회의에서 전시회의 비중이 점점 커져가고 있다. 이러한 전시회의 효과 측면을 살펴보면, 첫째, 전시장치업체나 부대시설업체 및 렌탈회사 등의 전시관련산업의 활성화, 둘째, 전시상품에 대한 업체간의 정보교환으로 신기술개발을 용이하게 하고, 셋째, 전시회가 개최되는 지역사회의 발전을 촉진시키며, 넷째, 각 국가간의 무역이 활성화되며 각국의 문화를 이해할 수 있는 계기가 마련된다.

전시회는 여러 가지 명칭으로 불리어지는데 국제회의의 부속 행사로 개최되는 경우에는 Exhibition, 전시회 단독 개최의 경우에는 Trade Show로 불리고, Exposition은 두 가지 모두에 사용된다. 또한 운영방법에는 먼저 회의준비를 위해 구성된 조직위원회 중 전시회만을 담당하는 부서를 따로 두어 조직위원회가 직접 운영하는 방법과 또 하나는 전시전문업체를 활용하는 방법이 있다.

전시회(Exhibition)의 개최과정은 회의 개최과정과 거의 유사하지만, 전시회 특유의 여러 가지 업무도 발생하게 된다. 전시회 개최를 위한 단계별 준비사항은 다음과 같이 요약될 수 있다.

[표 8-4] 전시회 개최를 위한 단계별 준비사항

단계	주요 업무 내용	시기
제 1단계	· 개최 개요 결정 · 사업수지계획표 작성 · 개최취지서 작성	전시회 1~2년 전
제 2단계	· 출전안내서 제작, 배포 · 전시업체 모집 · 전시업체 신청 접수 · 전시업체 대상 설명회 개최	전시회 6개월~1년 전
제 3단계	· 전시회 운영 메뉴얼 작성 · 보세구역 허가 신청 및 세관협조 요청 · 전시자용 안내서(Exhibitor's Kit) 발송 · 요원에 대한 오리엔테이션 및 교육	전시회 1~3개월 전
전시회 직전	· 기본부스 설치 · 부스장치 및 통로 정비 · 전시물 반입 · 표지물 및 안내판 설치 · 전시물 설치 후 정리, 정돈	전시회 1개월~1일전
전시회 개최	· 전시회 운영	
전시 종료후	· 전시물 반출 · 출전료 수납 확인 및 용역업체에 비용지불 · 전시장 및 관계자에게 감사서신 발송 · 결과보고서 및 수지보고서 작성 · 사무국 해산	

자료 : 임주환 · 양덕희, 국제회의의 이론과 실제, 2004.

전시회의 주제는 회의와 관련된 분야로 설정하며 모든 전시물은 결정된 주제에서 벗어나지 않도록 하며, 전시기간은 회의 중 며칠 동안 개최하여 회의참가자가 편리한 시간에 참관할 수 있도록 하는 것이 일반적이지만, 때로는 회의기간 전에 따로 개최하기도 한다.

전시장 선택시에는 엘리베이터, 주차장, 전시물 반출입, 전원, 수도, 가스, 배수처리, 조명 등의 설비가 잘 갖춰져 있는지 확인해야 하며, 전시장의 예약은 본회의장의 예약시 함께 하는 것이 좋다.

전시전문 업체를 활용할 때는 전시회 개최경험이 있는 직원을 파견하여 감독하도록 하는 것이 바람직한 방법이다.

조직위원회가 운영을 담당할 때에는 기획이나 주요 업무결정은 위원회가 하지만, 특수한 분야에 대해서는 각종 용역업체에 의뢰해야 할 것이다.

전시회는 국제회의 부속 행사로 회의의 내용을 보완하는 기능뿐만 아니라 회의 운영을 위한 재원 확보의 기능이 있음은 이미 서술한 바와 같다. 따라서 가능한 한 수입원의 발굴과 지출의 감소를 통해 보다 많은 수익을 올리는 것이 곧 회의 성패의 열쇠가 된다. 전시회의 일반적인 수입과 지출항목은 다음과 같다.

[표 8-5] 수입 · 지출항목

수입항목	지출항목
① 출전료 : 부스판매 대금 ② 전시회 디렉토리 판매수입 : 전시업체 명단 및 전시품목 자료의 유료판매대금 ③ 광고수입 : 디렉토리 등 관련책자의 광고게재료 ④ 입장료수입 : 일반 관람객의 입장료 수입금 ⑤ 기타수입 : 은행이자 등 기타수입	① 회장료 : 전시회장 임차료 ② 전시장 설치, 장치료 : 기본부스 설치비, 간판류 제작비, 전기공사, 청소비 ③ 인쇄비 : 전시회 출전안내서, 전시자용 안내서, 각종 관계 서류 등 ④ 인건비 : 사무국 요원, 임시 고용원의 임금, 사무국 운영비용 ⑤ 기타 : 보험, 경비 등

1) 운영업무

(1) 운영메뉴얼 작성

전시회 운영에 대한 세부 메뉴얼을 작성하여 전시회 담당 직원 및 임시고용원들이 참고할 수 있도록 한다.

(2) 보세구역 지정

전시회가 국제적인 경우 해외출품물이 많으므로 관세청 감시국의 허가를 받아 전시회장 전체를 보세지역으로 지정받도록 한다. 또 세관과는 사전에 전시회의 취지와 외국제품의 반입상황 등을 직접 설명하여 통관상 협조가 원만히 이루어지도록 한다.

(3) 전시사 디렉토리 제작

출전기업과 출전내용을 정리한 가이드북을 최소한 2개 국어(한국어, 영어)로 제작한다.

(4) 요원에 대한 오리엔테이션

(5) 경비업체 지정

전시품이 고가일 경우에는 전문 경비회사에 경비를 의뢰토록 한다.

(6) 전시회장 설치

전시회장의 설치시에는 전시업체, 주최측 이외에도 운송업자, 장식업자, 공사업자 등 많은 인원이 출입하여 회장이 매우 혼잡하므로 설치작업 스케줄을 확실히 짠다. 또한 설치작업 시간대를 약정된 대로 철저히 지킬 수 있도록 각 출전업자에게 당부한다.

(7) 전시회 운영

전시회장의 당일 운영업무는 주로 감시 및 통제를 하는 것이다. 입장자의 흐름, 각종 행사의 진행상황, 검수요원, 경비요원의 배치 등이 적절한가를 항상 점검한다. 회의와 전시가 동일 장소에서 개최되지 않을 경우, 회의장, 전시장, 호텔간의 셔틀버스가 예정대로 운행되고 있는지도 확인한다. 또한 일반인에게 공개하고 입장료를 징수하는 전시회에서는 입장권 판매 창구를 설치하여 입장권을 판매한다.

10 회의장 설치

회의장은 전시 · 사교모임 · 연회 등에 대한 공간으로 다양하게 이용 될 수 있다. 각종 회의프로그램이 정해지면 어떤 회의실을 언제, 어떻게 사용할 것인지에 대한 사용계획서를 작성하여야 한다. 일반적으로 호텔시설을 이용할 경우 전체회원을 대상으로 하는 회의는 볼룸(ballroom), 소규모 회의는 소회의실, 참가자들의 환담을 위한 호스피탤리티 행사는 Suite를 이용한다.

사용될 각 방에 대해서는 좌석, 무대, 기자재 배치사항을 나타내는 도면(floor plan)을 작성해서 사용계획서와 함께 회의시설업체의 담당자에게 전달하여 회의장 설치에 관한 지시서 역할을 할 수 있도록 한다.

회의실을 선정할 때에는 회의진행의 흐름을 고려하여 서로 연관성이 있는 방들은 가능한 한 가까이에 배치하도록 해야 한다. 사용계획서를 작성할 때에는 현지답사를 통해 현장을 보고 결정하도록 한다. 시설업체에서 제공하는 도면만으로 결정해 두면 회의 현장에서 돌발사태에 부딪치는 경우도 있다.

각 회의실에 대한 사용계획이 결정되었으면 다음은 각각의 회의실을 어떤 형태로 디자인할 것인지를 결정할 필요가 있다. 회의장 디자인에 영향을 미치는 요소는 출입문, 헤드테이블(head table)과 연단(podium), 조명, 좌석, 무대 배치 등으로 주의사항은 다음과 같다.

(1) 헤드테이블과 연단

헤드테이블과 연단은 참가자의 시야가 가리지 않게 참석자의 좌석보다 높게 배치하고 참가자 좌석 첫 열과의 거리는 최소한 약 6피트(약 1.8m)를 유지하는 것이 좋다.

헤드테이블은 연사, 패널리스트, 사회자 등 착석할 사람들의 수를 고려하여 적당한 크기로 준비하고 의자의 앞뒤 공간도 충분하게 두어 강연대로 쉽게 걸어 나올 수 있도록 한다.

헤드테이블의 좌석배정은 의전상의 관례를 따르는데 아래 그림과 같이 제1순위자가 중앙에 앉고 제2순위자는 1순위자의 오른쪽, 제3순위자는 제1순위자의 왼쪽 순으로 오른쪽, 왼쪽을 번걸아 앉게 된다.

[그림 8-2] 헤드 테이블 좌석배정

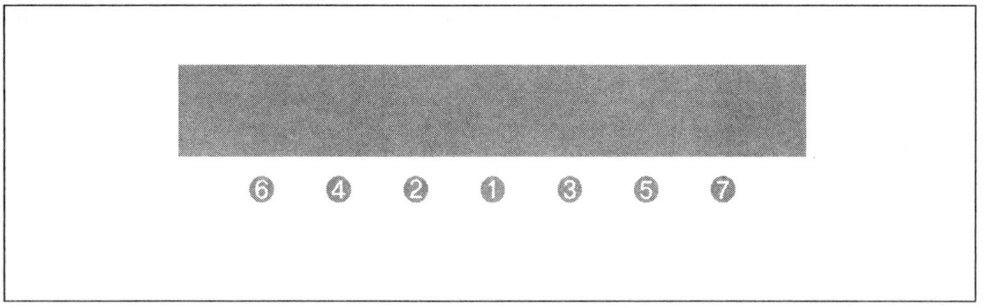

또한 좌석 배치판을 다음 방식에 의해 배치해 두어야 한다.

① 좌석배치를 해야 할 연회의 경우에는 좌석 순위에 따라 좌석 배치판을 만들고 좌석 명패를 각자의 테이블 위에 놓아야 한다.

② 좌석 명패를 설치하는 이유는 주위사람에게 소개한다는 의미도 있지만 참석자의 자리를 쉽게 찾을 수 있도록 표기 한다.

③ 좌석 배치판은 내빈이 의자에 앉기 전에 자기의 좌석을 알 수 있도록 적당한 곳에 놓아둔다.

헤드테이블 앞, 뒤편을 꽃이나 회의와 회의주관 단체의 로고 또는 각종 국기 등으로 장식하여 회의 분위기를 돋울 수 있을 뿐만 아니라 좋은 사진의 배경도 될 수 있다.

(2) 좌석 배치

일반적으로 전체회의에서 가장 많이 사용되는 좌석배치 형태는 극장식(Theater style)과 강의식(Classroom style)이다. 이 두 형태의 차이점은 극장식에 비해 강의식에는 테이블이 사용된다는 점이다. 참가자 1인당 소요면적은 극장식이 9~10평방피트이고 강의식은 15~17평방피트이다.

이 두 형태의 장점은 비교적 많은 사람을 수용할 수 있다는 것이다. 반면에 강연자와 참가자 사이에는 서로간의 얼굴을 대할 수 있지만, 참가자 서로 간에는 시선을 마주칠 수가 없고 앞사람으로 인해 뒷사람의 시야가 가리는 단점이 있다. 이와 같은 문제점을 보완하기 위해서는 좌석을 V자형(Herringbone/V-shaped)으로 변형할 수 있다.

소집단회의는 전체회의보다 참가자가 적고 참가자 서로간의 더 많은 상호작용이 필요하다.

[그림 8-3] 극장식 스타일

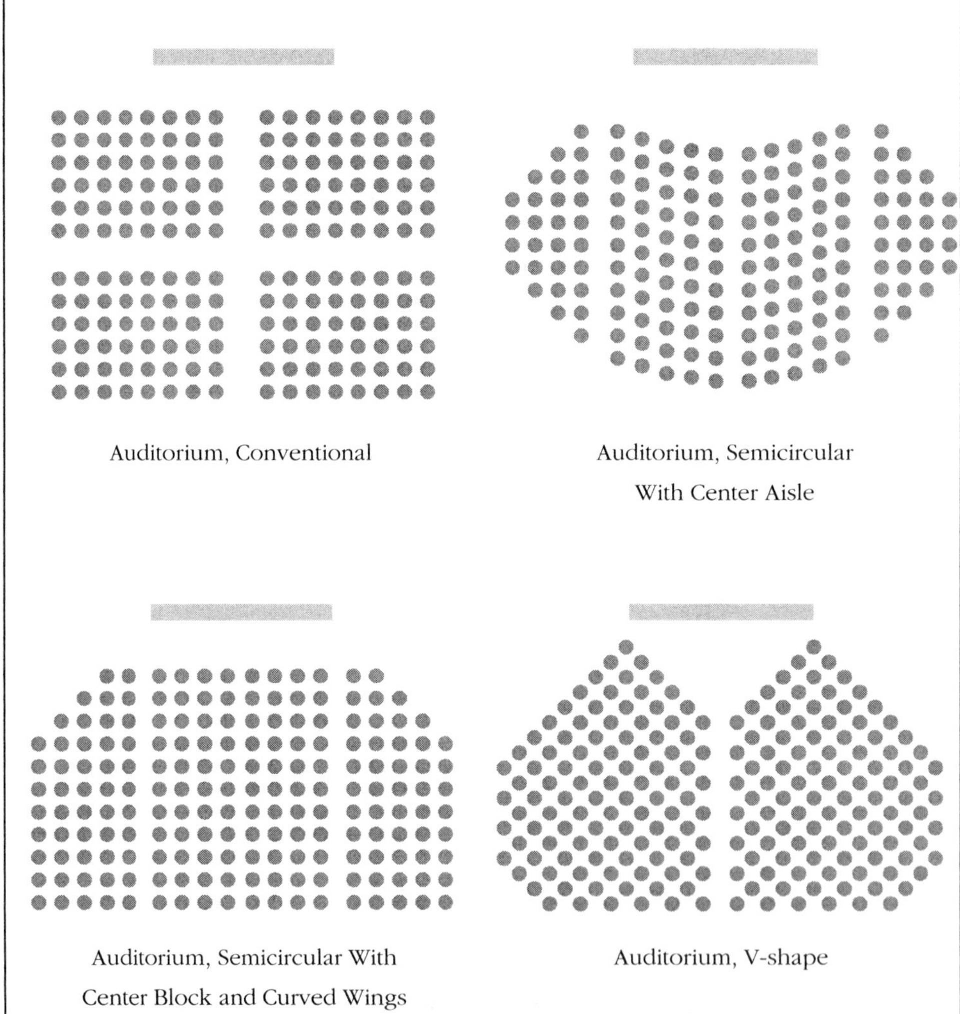

[그림 8-4] 강의실 스타일

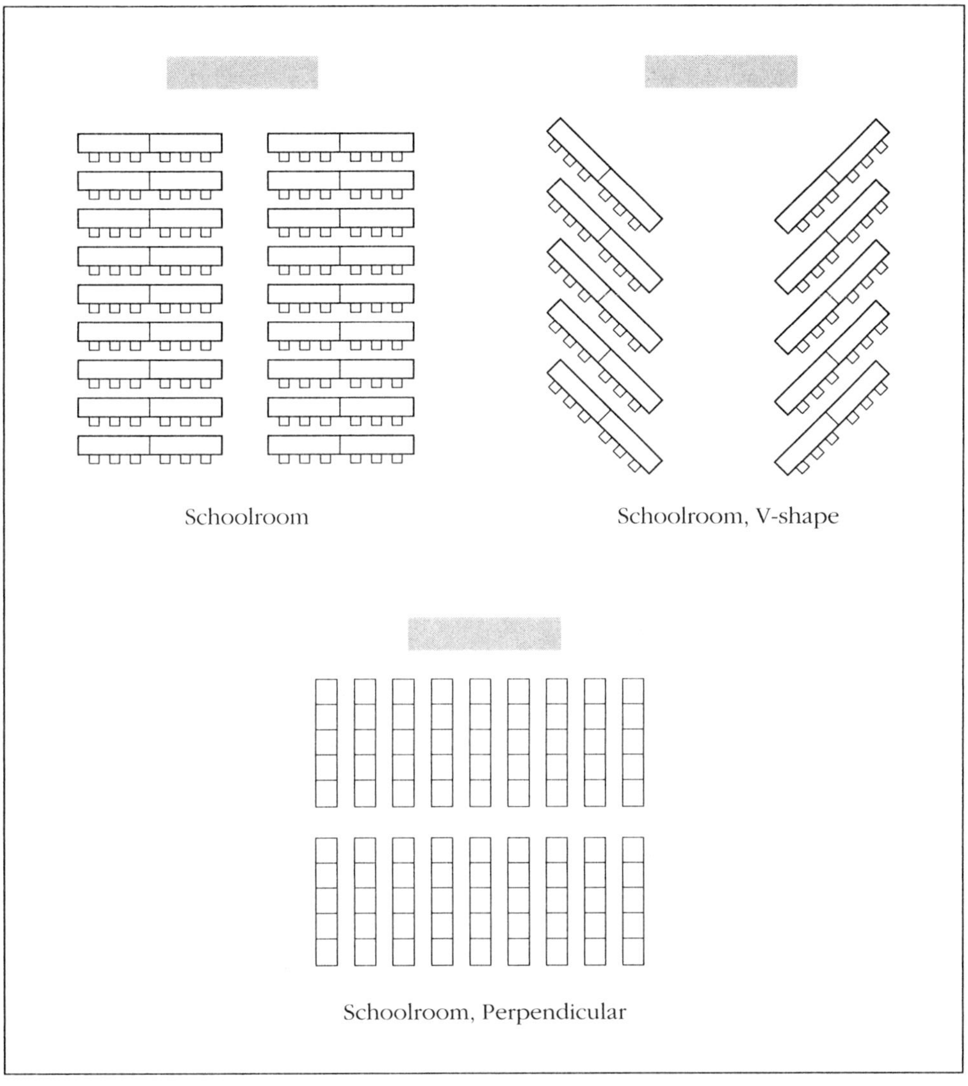

[그림 8-5] 소집단 회의의 배치형태

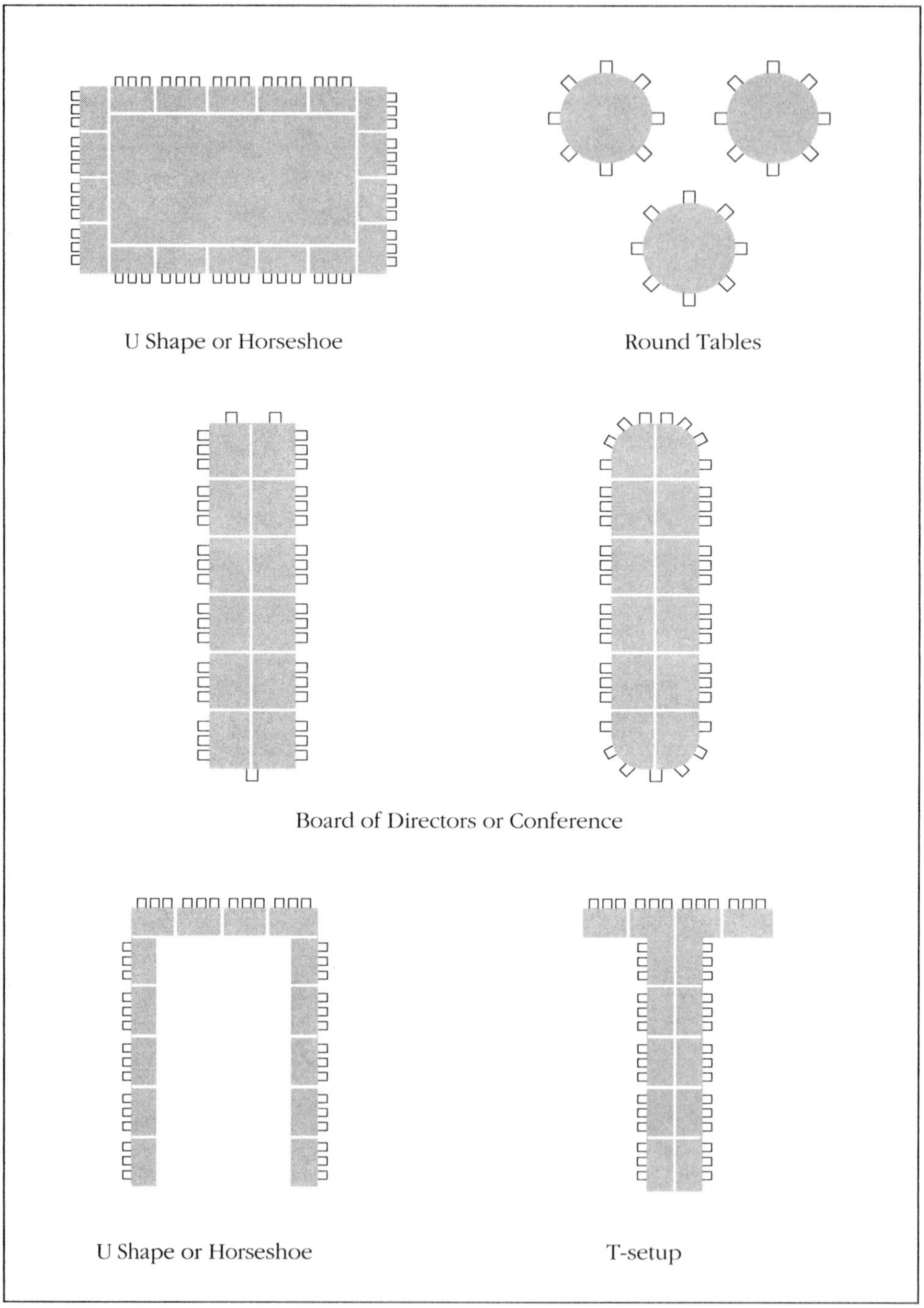

3) 회의용 기자재 준비

회의에서 발표되는 내용은 새로운 주제가 중심이 되기 때문에 구두 발표만으로 이해하기 어려운 경우가 많다. 발표내용을 청중에게 더욱 쉽게 이해시키기 위한 보조수단으로 시청각 기자재를 사용하는 것이 매우 효과적이다. 주최자는 발표자로부터 필요한 기자재를 양식에 의해 신청 받아 미리 준비하여야 하는데, 시설업체에서 보유하지 않은 기자재는 PCO, 기자재 임대업자 등으로부터 임차한다.

[표 8-6] 회의용기자재 및 활용법

기자재명		활용법
Slide Projector	슬라이드 필름을 상영하는 기기로 조작방법	슬라이드의 상영을 위해서는 프로젝터 외에도 35mm 슬라이드 필름과 슬리아드를 담을 트레이(tray)가 필요한데, 일반적으로 트레이는 80-Slide Caroused
OHP(Overhead Projector)	OHP는 아세테이트나 투명필름에 발표내용을 작성하여 그것을 스크린에 투영하는 기기	주최자는 원고작성에 상요 될 투명필름을 확보해두어야 하는데 8“×10” 크기가 일반규격
Opaque Projector	사진, 사전, 잡지 등 불투명한 인쇄물을 투사하는데 사용 기기	가장 간단하고 따로 필름 등 발표 자료를 위한 준비가 필요 없어 경제적이지만, 화면 상태가 좋지 않고 청중수도 50명 이하로 제한되어야 하며 장비가 무거운 단점
영사기	8mm, 16mm, 35mm 등 필름의 규격에 주의해야 하며, 교육 및 산업용으로 가장 많이 제작되는 필름의 규격은 16mm필름	거의 대형이고 전문적인 조작이 필요하며 스크린의 크기와 형태가 단순하지 않아 전문인에게 조작을 의뢰
Tape Record	회의의 배경음악, 발표자 음성 이외의 소리 등을 청중들에게 들리게 하는데 대단히 효과적 기기	테이프로는 카세트테이프가 많아 사용되지만, 양질의 소리를 원하거나 연결이 필요할 경우에는 릴테이프를 사용

[표 8-6] 계속

기자재명		활용법
비디오	영사기보다 촬영과 상여방법이 쉽기 때문에 최근에 필름에 대체하는 수단으로 많이 사용되는 기기	· 회의 기록을 위한 주요 장면의 녹화, 교육용 비디오 상영 외에도 개·폐회식 등에서 발표자와 공연자의 모습을 촬영, 바로 대형 스크린을 통해 청중에게 보여주는 등 다양한 용도로 사용 · 테이프는 VHS인가 BETA인가 사전에 잘 점검하여 기계와 일치되는 형을 사용
액정 프로젝터 (Computer Video Projector)	플로피 디스크만을 운반하면 되기 때문에 편리하지만 컴퓨터의 기종을 사전에 확인	컴퓨터의 화면을 그대로 슬라이드처럼 영사하는 장치로 최근에는 컴퓨터의 데이터를 발표에 사용하는 발표자도 있기 때문에 이 장치를 사용하는 경우
스크린	영상물의 상영을 위한 기기	스크린은 고정형과 이동형이 있으며 크기는 회의실의 크기와 참가자의 수에 따라 선택 사용

위의 기자재 이외에도 최근에 와서는 기술의 진보에 의해 멀티스크린을 사용하는 영상(Multislide, Multi-vision), 타 지역과의 다원영상(Videotele -conference), 회의 전시회를 연결하는 쌍방향 영상음향 시스템 등 복잡한 구조의 특성을 가진 음향, 영상기기가 있기 때문에 전문가와 상담하는 것이 좋다.

4) 회의 자료의 준비

국제회의에서는 프로그램과 참가자명단 등 다양한 종류의 자료가 참가자들에게 배포된다. 이러한 자료는 사용목적과 장소 등을 고려하여 참가자가 가장 편리하게 사용할 수 있는 형태로 제작되어 시기 적절하게 배포되어야 한다.

(1) 행사 프로그램

프로그램은 참가자의 매일매일 행동의 지침이 되므로 보기 쉽도록 고안할 것은 물론, 휴대에 간편하며 포켓 등에 넣어 두어도 쉽게 파손되지 않도록 제작되어야 한다. 프로그램의 내용은 다음의 제반사항을 포함할 필요가 있다.

① 표지 : 회의명, 장소, 기간, 주최자명, 후원기관명

② 내용 : 임원명, 회의일정(시간 및 장소), 관련행사 일정(시간 및 장소), 연사 및 발표내용 소개, 회의장 소개(회의장 도면 삽입), 숙박호텔 소개, 메모란 등

프로그램은 참가자가 도착하기 이전에 전달해 주는 것이 이상적이나, 무엇보다도 정확한 것이 생명이기 때문에 보통은 등록데스크에서 건네준다.

경비를 절약하고자 할 경우에는 프로그램에 광고를 게재할 수도 있다.

(2) 참가자명부

참가자는 자기 외에 누가 참가하는지가 관심사이므로, 참가자명단을 하루라도 빨리 입수하기를 원한다. 참가자명부의 제작시에는 회의참가자가 최종적으로 확정되는 시기가 명부 제작시기와 다르므로 "○월 ○일 현재"라고 기재한다. 일단 제작된 참가자명부는 등록 때 전달하고 그 후 등록자가 완전히 확정되면 변경된 내용만 부록형태로 제작하여 배포한다.

명단은 국별 또는 알파벳순으로 정리하는 경우가 많으나, 두 가지를 병용하여 국별 및 성별로 일람할 수 있도록 하는 것이 바람직하다. 성명뿐만 아니라 가능한 한 상세한 데이터를 수록하는 것이 좋은데 적어도 국적, 직업, 주소, 투숙호텔명을 기재하는 것이 좋다.

(3) 발표문 초록

국제기구에 의해 강연자가 결정되면 그들이 제출한 발표문을 요약, 편집해서 초록집을 작성하는 경우가 많다. 발표문의 요약은 회의 공용어로 전부 번역하는 것이 이상적이지만, 번역할 경우 내용적인 차이를 범하기 쉽고 경비가 많이 소요되는 재정적인 문제 때문에 원본을 그대로 게재하는 경우가 많다. 경비절약과 서식, 교정 등에 소요되는 시간의 절약을 위해서 발표자에게 세부적인 작성요령을 송부하여 원고를 그대로 제판을 하여 인쇄하는 방법도 사용된다.

발표문의 게재순서는 프로그램 진행에 따라서 나열하는 것이 바람직하며, 발표되는

회의의 명칭도 함께 수록하는 것이 좋다.

(4) 회의장 도면

회의실이 여러 층에 분산되어 있는 경우는 색으로 구분하고 회의장 건물이 다를 경우에 어떻게 가야 하는지를 상세히 기재하도록 한다. 회의장 도면은 회의 시설업체 홍보부 등에서 제공받을 수 있다.

(5) 관련행사 프로그램

동반자 프로그램, 관광 프로그램, 사교행사의 일정, 내용 및 신청방법을 기재한다.

(6) 관련 전화번호표

회의와 관련한 몇 개소의 전화번호, 주소, 외국어를 할 수 있는 담당자 등을 일견할 수 있는 표.

(7) 전시안내서

전시회가 개최될 경우에는 전시참가 업체의 소개와 출전물의 설명, 전시장 도면 등을 기재한다.

(8) 관광 안내자료 및 기타 안내서

회의 참가자의 편의를 도모하기 위해서는 위에 서술된 자료 외에도 회의장과 호텔 부근의 안내지도, 시내안내서, 일반관광 팜플렛, 식당안내서 등이 배포될 수 있다.

11 회의 운영조직과 요원 확보

1) 회의운영을 위한 조직

회의가 가까워지면 조직위 사무국을 회의 운영을 위한 체제로 전환할 필요가 있다. 접대, 회의장설치, 등록, 관광, 안내, 교통유도 등 회의의 규모와 성격에 따라 상당한 업무가 발생한다. 이러한 업무를 위해서는 지금까지의 사무국 요원만으로는 부족하므로 아르바이트 등 기타 요원이 필요하게 된다.

요원 전원이 경험자이면 좋겠지만 적어도 책임자는 충분한 회의경험이 있는 사람을 임명한다. 회의운영을 위한 조직의 조직표에서 보는 형태가 일반적이며, 회기 중에 필요한 업무는 다음과 같다.

(1) 등록접수

등록데스크에서 참가자들의 등록을 실시한다. 다시 말해서, 등록자의 사전등록여부를 확인한 후 이름표와 각종 자료를 배포하는 것이 주된 업무이다.

(2) 종합안내

안내데스크에 대기하여 회의와 회의장에 관한 안내업무, 메시지 전달, 참가자의 고충처리업무를 담당한다.

(3) 사무국

전화응대, 각 회의시설과의 연락, 물품조달, 회의의 전반적인 운영사항 점검 등의 업무를 담당하며 기간 중 운영요원들의 회합장소가 된다.

(4) 슬라이드 접수

슬라이드 접수데스크를 마련하여 슬라이드를 사용하는 발표자로부터 슬라이드를 받아서 시험해 본다. 보관한 슬라이드에 대해서는 보관증을 발급하고 반납 때까지 보관의 책임을 진다.

(5) 접대

VIP, 초청자, 본부임원 등의 영접을 담당한다.

(6) 회의장 담당

회의의 진행을 담당하는데 각 회의장에 상주하여 발표자의 발표시간이 스케줄대로

되는지를 관리하고, 발표자의 회장 도착여부 확인, 사무국과의 연락 등을 주된 업무로 한다.

(7) 기자재 담당

각종 영사기, 음향기기, 동시통역기자재의 설치, 운영, 조작 등을 담당하는데 VTP, Multiscreen 등의 특수기기는 전문가에게 조작을 의뢰하여야 한다.

(8) 전시

전시회장에 대기하여 내방객 접수, 안내, 회장 내 감시업무를 한다.

(9) 관련행사 접수

안내데스크의 한쪽에 코너를 설치하여 관련행사 참가접수를 한다. 관련행사의 참가는 참가자의 자유의사이므로 취소와 변경이 생기기 때문에 최종적인 신청과 비용의 징수는 회의장에서 직접하게 된다. 다전 신청 현황과 금전수납에 관한 확실한 데이터를 준비해 두어 동시에 많은 사람이 오더라도 충분히 대응할 수 있어야 한다.

(10) 보도대응

(11) 관광안내

단순히 관광안내 기능만 있는 것이 아니고 쇼핑, 식사 등의 안내도 맡아야 하기 때문에 전문요원을 임명하든지 여행사에 데스크 운영을 의뢰하는 경우가 많다. 등록장내 1개소만 설치하는 것이 일반적이지만, 대규모 회의일 경우 숙박 호텔마다 설치하는 경우도 있다.

(12) 수송

셔틀버스가 스케줄대로 운행되는지 여부, 주차 공간 확보, 주행도로의 조정 등 셔틀버스의 운행관리와 VIP, 초청자, 임원들에 대한 차량 업무를 담당한다.

2) 요원의 확보

위와 같은 업무를 처리하기에는 사무국 인원으로는 부족하기 때문에 임시요원을 고용하게 된다. 회의의 성패는 배치된 요원이 부여받은 자신의 역할을 어느 정도 소화해내는가에 달렸다.

업무에 따라 외국어 회화도 필요하고 회의 성격에 따라서는 전문지식과 특수기술을 알고 있는 사람이 꼭 필요한 경우도 있다. 요원의 수배에 관해서는 PCO와 인재파견회사에 의뢰하는 것이 좋으며, 조직위원회는 효율적으로 요원을 배치하여 업무를 감독하지 않으면 안 된다.

(1) 운영 메뉴얼의 제작

국제회의 운영에는 상기와 같은 많은 요원이 관계 된다. 더구나 임시요원, 아르바이트 등 준비과정을 알지 못하는 사람이 갑자기 스텝으로 가담하게 된다.

그러므로 누구라도 간단히 운영의 흐름을 파악하여 부여받은 업무를 충분히 완수할 수 있도록 회의 운영 메뉴얼을 제작할 필요가 있다.

메뉴얼에는 다음과 같은 항목을 수록한다.

- 회의의 개요
- 프로그램
- 회의실 사용계획
- 회의장 도면
- 일자별 스케줄
- 인원배치 계획
- 세부 업무 내용
- 회의실 설치도
- 주요 연락처 리스트

(2) 긴급사항 대응메뉴얼 작성

회의도 하나의 이벤트여서 무슨일이 생길지 알 수 없다. 문제가 생기면 어떻게 처리할 것인가가 중요하다. 그래서 매뉴얼을 만들어 두면 유사시에 임시방편으로 활용할 수 있다. 예상되는 긴급사항으로는 병, 상처, 도난, 항의, 불편신고, 교통사고, 화재, 기타 사고 등이 있다. 이러한 돌발사항 중에는 사무국내에서 처리 가능한 것, 회의장/호텔과 함께 해결해야 하는 것, 경찰 등에게 의뢰해야 할 것 등이 있다.

긴급시에 연락할 기관 및 개인리스트를 만들어 두면 편리하다. 긴급시 연락처 리스트에는 경찰, 소방서, 의료기관, 약국, 보험회사, 변호사 사무실 등을 기재한다.

(3) 진행시나리오 작성

이것은 전원이 가지고 있을 필요는 없으나 개/폐회식과 리셉션, 회의 등을 예정대로 순조롭게 이루어 내기 위해서는 진행시나리오의 작성은 빼놓을 수 없다.

시나리오는 출연효과를 높이기 위하여 사용하는 AV, 음향, 조명, 영상 등의 사용 순서와 시각, 조작자도 자세하게 기입한다. 사회자, 기기류를 조작하는 담당자, 카메라맨, 회의장 정리원 등 관계자에게 동일한 것을 배포해 준다.

12 회의운영

1) 발표자 대기실 운영

발표자 대기실에는 발표준비를 도와줄 요원을 배치하고 슬라이드 프로젝터, VTR 등 발표에 필요한 기자재도 설치하도록 한다.

슬라이드, 영상물 조작담당 직원은 발표가 무리없이 이루어질 수 있도록 사전에 발표자와 충분한 협의를 거칠 필요가 있으며, 회의 개시 전, 점심시간 등 회의가 진행되지 않는 동안에 리허설을 해두도록 한다.

발표원고를 참가자에게 나누어 줄 경우 발표자로부터 원고를 받아 충분히 복사해

둔다.

2) 사회자의 역할

사회는 회의의 순조로운 진행과 운영에 있어서 중요한 역할을 한다. 특히, 패널 디스커션, 심포지엄은 사회자의 능력에 따라 그 성패가 좌우된다고 해도 과언이 아닐 것이다. 사회자의 능숙하게 진행하지 못할 경우에는 발표자가 생각하고 있는 내용을 효율적으로 발표할 수 없게 되어 청중을 혼란에 빠뜨리게 된다.

[표 8-7] 사회자의 주요 임무

사회자 임무	· 발표자의 요구사항 점검 · 발표자 약력 입수 · 회의자료 배포 · 발표자 소개 · 회의진행 · 시청각 기자재 작동 · 조명, 냉/난방장치 조정 · 적당한 시간에 회의를 종료한다. · 회의 진행에 대한 평가지 배포, 수거

13 기타 업무

국제회의는 준비가 90%를 차지한다고 한다. 모든 것이 계획한 대로 진행된다면 당일 운영에는 전혀 문제가 없을 것이다. 그러나 모든 회의에는 예기치 못한 사태가 발생하게 마련이고 이때에는 현장에서의 순발력 있는 판단이 요구된다.

사무국에는 회의전체의 운영을 정확하게 파악하고, 전 프로그램과 관련행사의 진행상황을 대충 보아서도 알 수 있도록 행사일정표를 공고판에 붙여둔다.

사무국장은 예기치 않은 사태에 대비하여 이석을 피하며 사태가 발생하는 경우에는 적절한 지시를 하여 그 파급을 최소한으로 줄이도록 항상 대응태세를 갖추도록 한다.

회의가 2일 이상 계속될 경우에는 당일의 모든 프로그램이 종료된 후 관계부서의 책임자 또는 담당자들을 집합시켜 반드시 그날 회의를 점검하고 그 다음날 회의에 대해 협의를 거쳐 의사통일을 기하도록 한다.

대규모 회의장에서는 각 행사장과의 연락에 무전기를 사용하여 관련 직원이 복도를 이리저리 뛰어다니는 수고를 피하도록 하고, 회의장에서의 참가자 호출은 원칙적으로 허용하지 않으며 연락사항은 메모 보드에 붙여놓는다는 것을 참가자에게 설명해 둔다. 단, 긴급시는 회장 방송을 통해 호출을 한다.

회의의 참가자는 반드시 등록을 해야 하는데, 보통 회의전날이나 회의당일에 90% 이상이 등록을 한다. 그러나 회의 2일째, 3일째 또는 최종일까지도 등록을 하는 경우가 종종 있으므로 등록데스크는 최종일까지 폐쇄하지 않도록 한다.

다만, 등록데스크의 업무는 시간이 경과함에 따라 축소되기 때문에 배치된 인원을 점차 감소시키도록 한다. 반면 종합안내데스크와 메시지 전달데스크 등은 시간이 지날수록 업무량이 증가하기 때문에 등록데스크의 요원 중 남는 인원을 배치하도록 한다.

1) 레크리에이션 정보제공

회의가 장기간 계속될 경우 참가자는 딱딱한 행사에 질려버린다. 일정시간이 지나면 참가자들의 지루함을 덜어주기 위하여 자유시간을 설정하고 레크리에이션을 할 수 있도록 배려한다. 이를 위해 사무국은 지역내 문화, 오락시설 및 행사일정을 사전에 조사해 둘 필요가 있다. 호텔부대시설, 조깅코스, 테니스장, 골프장, 수영장, 실내체육관 등 활용방법 제공과 연극, 영화, 기타 공연 정보는 이벤트 정보지 등을 통해 미리 조사해둔다.

유명 주점, 가라오케, 쇼핑점 등 참가자들의 정보문의에 대비하여 가능한 한 많은 관련 자료를 수집하여 나이트라이프 정보를 제공하며, 지역의 축제, 연중행사, 미술관의 전시정보 등의 지역행사 정보를 제공하여 컨벤션 참가자들의 레크리에이션 욕구를 충족시켜 줄 수 있도록 한다.

2) 개/폐회식 정보제공

개/폐회식 등 각종 세레머니는 회의 참가자 외에도 초청자, 보도관계자 및 각계의 귀빈들이 참석하며, 매우 중요한 행사일 경우는 정부 고관이나 대통령이 참석하기도 한다.

따라서 이러한 세레머니는 운영과는 별도로 생각하고 준비하도록 한다. 행사 당일에는 접수대를 설치하여 행사 프로그램, 좌석표 및 동시통역 이어폰을 배부하도록 한다. 또 참가자가 이동하는 각 지점에 요원을 배치하여 행사장으로 안내하고 특히 주요 인사 등에 대해서는 해당 좌석까지 안내하도록 하는데 VIP리스트를 준비하여 실례를 범하지 않도록 한다.

보안을 요하는 주요인사가 참가하는 경우는 비표를 발행하여 비표를 지닌 사람에 한해 참가를 허용토록 한다.

제9장 컨벤션 사후관리

1 개요

장기간의 준비를 거쳐서 힘들게 운영한 회의가 마침내 끝났다고 해서 거기에서 안심해서는 안 된다. 국제회의가 끝나는 당일은 임시 사무국으로 운반해왔던 물건들을 정리정돈하고, 신속하게 반출하는 작업을 실시한다. 유 · 무료에 상관없이 임대한 물건들을 반납하고, 전문업체가 설치한 시설과 비품은 종료 즉시 철거하도록 수배하여 둔다.

회의장측이 수배한 물건을 빼고는 전부 깨끗이 마무리를 한 후, 그곳을 떠나도록 한다. 또한, 직 · 간접적으로 관계하고 협력한 많은 관계자들에게 회의가 무사히 종료될 수 있었던 것에 대해 감사표시도 해야 한다.

재무제표와 최종 결과보고서를 작성하고, 조직위원회를 해산하였을 때에야 비로소 회의가 종결된 것이다.

2 결산보고

회계 담당자의 업무는 회의 종료 후에도 산적되어 있다. 회의전일까지의 수입과 회의기간 중의 수입(현장 등록비, 물품/도서 판매대금)의 집계를 신속히 하는 한편, 회의장비, 수송비, 인건비 등을 관계업자에게 지급토록 해야 한다.

또 결손이 생겼을 경우와 이익금이 생겼을 경우에는 관련 규정에 의해 처리를 해야 한다. 이러한 작업이 종료되면 필요한 재무제표를 작성하여 회계감사를 받고 결산서를 작성하여 조직위원회에 보고하면 완전히 업무가 끝나는 것이다.

3 회의결과보고서 작성

회의가 어떤 요령으로 개최되었고 무엇이 토론되었으며 어떤 결과를 얻었는가 하는 것은 참가자뿐만 아니라 관계기관에서도 관심 있는 문제이므로, 사무국에서는 행사 종료 후 회의내용을 가능한 상세하게 보고서로 정리하지 않으면 안 된다. 작성된 결과보고서는 국제기구본부, 지부와 참가자뿐만 아니라 기부금 수여자, 지방자치단체, 관계기업에도 배포한다.

■ 결과보고서 기재내용

- 본부임원(조직위원장)의 감사문
- 기록사진 소개
- 국제본부와 조직위원회의 구성과 임원 명단
- 국제본부의 성격과 개요
- 각 분과위원회의 회의준비 내용
- 회의의 내용(발표논문 내용)
- 관련행사 개요
- 재무관계 전반
- 기부금 수여자의 명단과 참가자 명단
- 기타 특기사항(회의결과에 대한 반성 등)

4 의사록/논문집 발간

회의 전체 내용의 기록을 위해서는 전술한 결과보고서의 의사록을 별도 발간하는 경우가 있다. 의사록은 개회식에서 폐회식까지 행사 전체 내용을 기재하는 경우와 학술발표 내용에 한정하여 게재하는 경우, 학술내용의 요지만에 한정하여 수록하는 경우 등 여러 가지 형식을 취할 수 있다.

발표자로부터 발표내용을 정해진 용지에 타이핑해서 제출받아 그대로 인쇄하는 경우와 주최측에서 통일된 서체와 형태로 재편집 인쇄하는 경우가 있다. 학술적 내용은 귀중한 사항이 많으므로 관계자뿐만 아니라 일반인에게도 판매할 수 있다.

5 사례 표시

회의개최에 노력을 아끼지 않았던 많은 관계자 중 특히 거액기부자, 관계자치단체, 관계기업 또는 단체에는 직접적으로 사의를 표할 필요가 있다.

또 신속하게 관계자 전원에게 문서로 감사의 뜻을 표하는 것도 중요하다. 특별한 사의를 표해야 할 인물 및 단체에는 감사장을 수여하는 것이 좋다.

6 조직위원회 해산

결산보고에 이어서 보고서 작성이 종료될 무렵에 장기간에 걸쳐서 회의개최의 중추적인 역할을 했던 조직위원회와 사무국을 폐쇄한다.

회의규정과 성격에 따라 다르지만, 짧은 경우에는 회의 종료 3개월 후, 긴 경우라도 6개월 후에는 해산하는 경우가 많다.

부 록

1. 국제관광기구 현황
2. 국제회의 관련업체 현황
3. 국제회의산업육성에 관한법률, 시행령 및 시행규칙

1. 국제관광기구 현황

기구명(설립일)	설립목적	본부 소재지	회원수	주요사업	비고
ASEANTA(1967) Association of South-East Asian Nations Tourism Association	1. ASEAN 역내 관광진흥을 위한 관광정책 공동수립 2. 공동선전활동	필리핀 마닐라	5개국	회원국 : 필리핀, 인도네시아, 싱가폴, 말레이시아, 태국	
ATU(1954) Arab Tourism Union	1. 아랍지역 역내 관광진흥을 위한 관광정책 공동 수립 2. 회원국가에게 관계연구자료 및 정보를 제공함으로써 지역내 관광의 확대와 장애 제거	·	정회원 : 16개국 주회원 : 3개국	1. Arab Tourism을 비롯한 각종 간행물의 발간과 지역내 관광 통계조사 발표 2. 국제관광 세미나 개최	
CTA(1951) Carillean Tourism Association	지역내의 관광진흥 및 편의 시설 제공	미국 뉴욕	카리브지역 각국의 개인회원 및 여행사, 호텔 등 다수	1. 관광진흥을 위한 회의 개최 2. 관광관계 전시회	
ELRA(1972) European Leisure and Recreation Association	전 유럽지역내의 레크리에이션 계획과 정책을 개발 진흥	스위스 취리히	·	1. 자문기구를 통해서 관광관계 문제점조사 2. 회의개최 3. ELRA회보 발행	
EMF(1956) European Motel Federation	1. 구주내 모텔소유주간의 협력증대 2. 회원의 권익보호 및 해외 모텔 기구 및 자동차관계 기구와 유대강화	네덜란드	13개국 (211회원)		
ETC(1948) European Travel Commission	1. 회원국내 관광정보 교환 2. 관광협력 증대 3. 북미주와 구주간의 관광객 증대	아일랜드 더블린	23개국	1. 관광연구 및 마케팅 위원회 설립운동 2. 관광시장 및 관광산업의 조사연구활동	

기구명(설립일)	설립목적	본부 소재지	회원수	주요사업	비고
FATAA(1971) Federation of Arab Travel Agent's Association	1. 회원국의 이익증대 2. 국내의 업체간의 협력 증대 3. 아랍지역내 관광업의 보호 및 편의시설 제공	레바논 베이루트	12개국	1. 관광관련법규의 제정건의 2. 국내 아랍 여행기구 창설 3. 연례 국제여행 세미나 개최 및 직업훈련	
FNTAA(1939) Federation of Nordic Travel Agent's Association	회원간의 친선 및 교류 증대	필란드 헬싱키	5개국	·	
FIYTO Federation of International Youth Travel Organization	1. 각종 청소년 여행기구간의 상호이해 및 협력을 통해 청소년의 사회교육, 문화, 여행의 증진 2. 여타 국제기구와의 협조를 통한 동 기구의 발전과 이익 도모	덴마크 코펜하겐	32개국	1. 청소년 단체간의 상호이익 교환 2. 국제세미나 개최	한국국제 청소년학생교류회(KIYSES)가 1981년 가입
GBACT(1971) Group on the Balkan Agreement on Co-operation on Tourism	회원 및 비회원간의 관광 증진	루마니아 부커페스트	5개국	·	
IACVB(1914) International Association of Convention and Visitors Bureau	1. 각종 회합 및 컨벤션의 유치 및 주관에 대한 전문기술의 보급 2. 컨벤션 주최 기관에 대한 자료 교환	미국 일리노이	40개국 (480회원)	1. 회의주최자에 대한 자문 및 정보제공 2. 주최자와 시설 및 용역 공급자간의 중개역할 3. 회의기술 지도	관광공사 1985년 가입, 미국을 중심으로한 국제적 컨벤션 협력기구

기구명(설립일)	설립목적	본부 소재지	회원수	주요사업	비고
IAFTA(1941) Inter-American Federation of Touring and Automobile Clubs	1. 회원국 자동차 사용자의 권익보호 2. 자동차비행의 촉진 3. 미주내 통일된 자동차스포츠규정의 제정 4. 비회원국내 자동차클럽개설지원	아르헨티나 부에노스 아이레스	18개국 자동차 클럽	Boletion Information, FIAL 간행	
IASC(1934) International Association Skal Clubs	관광산업분야 중역간의 우의 및 공동목표의 개발	벨기에 브뤼셀	432협회 (88개국)	·	서울 Skal Club 1969년 설치
IASET(1951) International Association of Scientific Experts in Tourism	1. 회원간의 친목단체 2. 상호의견교환 촉진 3. 관광전문연구 및 훈련과 학문적 관광연구기관의 활동지원	스위스 베른	42개국 개인회원	The Touriam Review(정기간행물), Tourisme de Congres 발간	
IAT(1951) International Academy of Tourism	국제관광의 문화 및 인간적인 편의 개발	모나코 몬테카를로	32개국	Revue(계산) 및 국제관광사전 발간	
IATA(1945) International Air Transport Association	1. 여객의 안전과 경제적인 운송의 촉진 2. 항공무역상의 문제점 연구 3. 국제항공운송업자간의 제휴	스위스 제네바	102개국 (108항공업체 회원)	1. 운수회의 및 운임 문제를 심의 2. 항공권 판매대리점 규제	15개 국내여행사 가입
IATM(1961) International Association of Tour Managers	1. 회원의 직업인으로서 자질향상 2. 회원간의 의견교환	영국 런던	정회원 :100 준회원 :50 찬조회원 : 300	1. Tour Manager 연간 발간 2. Guide to Westem Europe 발간	

기구명(설립일)	설립목적	본부 소재지	회원수	주요사업	비고
IBTYE(1961) International Bureau for Touriam and youth Exchange	1. 국제청소년 여행과 교육의 중요성을 인식하여 각종 관광활동지원 2. 회원활동의 대중화 3. 유사한 목적의 국제기구간의 활동조정	헝가리 부다페스트	정회원 :32 준회원 :7	국제관광에 관한 연구 및 세미나 개최	
IBST(1963) International Bureau of Social Tourism	1. 국제수준에서의 사회관광의 개발 2. 회원간의 관광활동의 조사 및 사회관광에 관한 정보제공	벨기에 브뤼셀	110개국 (22개국 개인회원 71)	기구회보 및 참조자료 발간	
ICCA(1964) International Congress and Convention Association	1. 각종 국제회의 유치 및 편의 제공 2. 국제회의에 관한 전문적인 서비스 제공 3. 국제회의 개최에 따른 회원의 균등 이익 제공	네덜란드 암스테르담	65개국 (394회원)	1. 세계적인 주요회의 기록 유지 2. 개최예정 회의에대한 기록유지 3. 정기간행물 발간 4. 전문교육(CMP세미나) 5. 회원간 전문서비스 교환 편의도모	
IFPTO(1950) International Federation of Popular Travel Organization	1. 근로자 여행기국가 없는 국가의 여행단체 설립 2. 유네스코와 같은 여러 국제기구와 관련하여 여행 단체의 권익보호	벨기에 브뤼셀	·	1. 기술문제워크샵 개최 2. International Bulletin 발간	
IFRTA(1947) International Federation of Railwaymen's Travel	1. 철도원 여행협회 및 동 가족의 국제여행 촉진 2. 관계자료	프랑스 파리	22개국 150만여 회원	연차보고서 발간	
IFTC(1948) International Federation of Tourist Centers	1. 관광업소 및 안내소 팀원간의 원만한 관계 수립 2. 기술문서의 발간 및 전파와 협력활동의 조직	오스트리아 Lins	9개국	인사 및 선전물 교환	

기구명(설립일)	설립목적	본부 소재지	회원수	주요사업	비고
IFTJW(1945) International Federation of Tourism Journalists and Writers	1. 관광문제의 해결을 위한 회원간의 역할촉진 2. 관광발전에 필요한 제반 요건의 연구 3. 관광정보의 수집과 배포	벨기에 Antwerpen	25개국	1. 회원간의 교류 2. 개발도상국 관광연구에 관한 연구 및 세미나 개최	
IFWTO(1968) International Federation of Women's Travel Organization	1. 관광업계에 종사하는 여성들의 지위향상 도모 2. 국제회원간의 친선도모 및 협조 방안 강구 3. 지부설치 및 활동 협조	미국 피닉스	4500명 (14개국 50여개지부)	1. 연차총회 개최 2. 교육사업 3. 뉴스레터 "Spirit", 신문"Industry Affairs" 발간	한국여성관광인 클럽이 1986년 가입
IHA(1964) International Hotel Association	1. 국제호텔업 및 국제관광업에 관한 문제협의 2. 회원에 대한 정보제공	프랑스 파리	121개국 협회	1. 국제호텔 리뷰(월간) 2. 국제호텔가이드(연간) 및 여행업 안내서 발간	1969년 워커힐 호텔 가입
ISTC(1949) International Student Travel Conference	1. 학생과 학자들의 교육, 사회 및 문화에 증진 2. 국제이행증대 3. 회원의 권익 보호	스위스 취리히	43개국	1. 회원 신분증 발행 2. 주요도시 학생가이드 발행	한국국제청년학생교류회가 1982년 가입
IYHF(1932) International Youth Hostel Federation	1. 각종 유스호스텔협회의 협조 및 이해촉진 2. 각국 협회간의 불화조정	영국	47개국 유스호스텔협회	1. Bulletin(일간) 2. HandBook(연간) 발간	1968년 한국유스호스텔협회 가입
LACTO(1957) Latin American Conference of Tourism Organization	1. 회원국내의 여행업체 통합 2. 지역내 관광정보교환 3. 지역 관광기구와의 협력강화	아르헨티나 부에노스 아이레스	20개국(여행사회원)	Revista COTAL AQUI COTAL(월간) 간행물 발간	
NTTC(1922) Nordic Tourist Traffic Committee	1. 북구내 관광진흥 2. 북구내 각국 관광기구간 강화	노르웨이 오슬로	5개국	·	

기구명(설립일)	설립목적	본부 소재지	회원수	주요사업	비고
OAA(1966) Orient Air Line Association	1. 동양지역내에서의 여행자의 안전, 이익 및 편의를 위한 항공운송의 개발촉진 2. 회원공동관심사 토의 3. 회원간의 협력증진	필리핀	17개국	항공업의 정책연구 및 훈련과 기술교환	
OECD(1961) Organization for Economic Corporation and Development	2차대전 후 미국의 대구라파 원조의 수입기관으로 발족	프랑스 파리	29개국	1. 관광산업의 조사연구 2. 관광통계작업 3. 국제관광사업의 분석 및 전망	1996년 12월 29번째 가입
PATA(1951) Pacific Asia Travel Association	1. 태평양지역 관광 진흥개발 2. 구미관광객 유치를 위한 공동선전활동 3. 지역관광개발	미국 샌프란시스코	39개국 2,000여 업체(한국 :88개)	1. 회원의 마케팅활동의 지원 2. 61개국 지부활동(한국지부 포함) 3. 관광통계조사연구 4. 교육 및 PR(PTN발간 등)	
SATW(1956) Society of American Travel Writers	1. 작가, 사진사, 편집자, 방송인 및 공공관계의 대표자로 구성된 협회로서 각종 매체를 통해 각종 여행지의 시설이나 서비스의 소개 2. 여행의 자유보장 및 중요 관광물 보존장려	미국 워싱턴 D.C	정회원 :317 준회원 :295 기타 : 3	1. 여행업계의 수준향상 도모 2. 역사유물, 자연경관 보존 장려 3. 여행목적지 시설 및 기타 사항에 관 해독자나 시청자에게 정확한 정보제공	
TTRA(1970) Travel and Tourism Research Association	1. 관광관련 각종 조사활동 2. 관광관련 각국 연구용역 3. 관광업체관련 정보제공 및 각종 통계수립	미국 아이다호	35개국(750개 회원)	1. 연차총회 개최 2. 관광관련 각종 출판물발간, 세미나, 워크샵 개최	1981년 가입

기구명(설립일)	설립목적	본부 소재지	회원수	주요사업	비고
ULA(1901) Union of International Association	1. 국제회의 활동에 관한 센터 2. 국제회의 조직에 관한 법률적, 기술적 문제의 기획 및 조사연구 촉진 3. 국제회의 개최로 이해촉진 및 세계평화에 기여	벨기에 브뤼셀	정회원 35개국(250회원)	1. 연차총회개최 2. 세계 40,000여개 정부, 민간단체 관한 자료 수집 및 발간 3. 국제기구 관련 연구조사 및 책자 발간 4. 국제협회의 법적 신분 향상을 위한 진흥활동	
UFTAA(1966) Universal Federation of Travel Agents Association	1. 여행업자 지위확립 2. 정부기관과의 교섭기관으로서의 역할	벨기에 브뤼셀	76개국(588회원)	1. 관광전시회 2. 연화회보 "COURIER" 발간 3. 회원간 분쟁조정 4. 총회	관광공사 1978년 가입 관광협회 1975년 가입
WATA(1948) World Association of Travel Agencies	1. 회원여행업자의 보호 2. 세계의 관광객 왕래 촉진	스위스 제네바	100개(197업체)	1. 지역 분과위원회 활동 2. 공동판매 촉진활동 3. Master Key(연간) 발간	대한여행사, 연방여행사, 셋방여행사 가입
WLRA(1956) World Leisure and Recreation Association	레저, 레크리에이션의 계획,교육 및 시설을 통해서 국민 생활의 질을 향상시키는 것	미국 뉴욕	76개국 개인회원	레크리에이션 당국의 의견 및 리더쉽 계획의 상호교환	
WTO(1975) World Tourism Organization	1. 세계관광정책 조정 2. 가맹국의 관광경제 발전도모 3. 각국의 사회적, 문화적 우호관계 증진	스페인 마드리드	138개국(493회원)	1. 세계총회 격년 및 지역별 회의개최 2. 세계관광통계, 정기간행물(World Travel) 등 발간 3. 교육훈련 및 세미나	1925년에 설립한 IUOTO가 개편된 것임. (교통부(정회원)는 1975년, 한국관광공사(찬조회원)는 1977년에 가입

2. 국제회의 관련업체 현황

1) 규모별 국제회의 시설현황

수용인원	500명 이하	501~ 1,000명	1,001~ 1,500명	1,501~ 2,000명	2,001명 이상	계
서울특별시	12	16	8	2	5	43
부산광역시	4	3	2	1	1	11
인천광역시	4	1	0	0	0	5
대구광역시	0	3	1	0	2	6
대전광역시	1	2	0	1	0	4
울산광역시	0	2	0	0	0	2
광주광역시	0	0	1	0	0	1
경 기 도	2	0	0	1	0	3
제 주 도	6	7	0	0	1	14
강 원 도	4	6	1	0	0	12
충청북도	-	-	-	-	-	-
충청남도	-	-	-	-	-	-
경상북도	2	3	1	2	0	8
경상남도	3	1	0	0	0	4
전라북도	1	2	0	0	1	4
전라남도	-	-	-	-	-	-
계	39	46	14	8	10	117

2) 국제회의기획업 등록 현황

지역	업 체 명	전화번호	팩스번호	홈페이지
서울	서울고려여행사(주)	02-771-3111	02-771-3041	www.ktitour.com
서울	네오다임(주)	02-598-9898	02-598-9848	www.neodigm.com
서울	네오세스컨벤션	02-2603-6653	02-2603-6654	www.neocessconvention.com
서울	동서여행사	02-711-6555	02-717-5882	www.ntotour.co.kr
서울	롯데관광개발(주)	02-733-0201	02-399-3355	www.lottetours.com
서울	롯데관광(주)	02-2264-3064		
서울	미트저널(주)	02-489-0361	02-489-0360	www.meat.co.kr
서울	삼성에버랜드(주)	02-753-7650		
서울	서한기업(주)	02-2217-0051		
서울	엔씨엠코리아	02-957-8283		
서울	유닉스코리아(주)	02-551-5518	02-552-5521	
서울	이레이벤트플래닝엔 프로모션(주)	02-555-6144		
서울	이케이맨파워(주)	02-569-5437~9	02-569-2096	www.ekmanpower.co.kr
서울	인터내셔날컨벤션서비스(주)	02-780-1981	02-780-1257	www.ics-korea.co.kr
서울	인터컴(주)	02-566-6339	02-565-2434	www.intercom.co.kr
서울	제이씨(JC)인터내셔날	02-571-2724	02-882-2725	
서울	(주)라스트커뮤니케이션즈	02-585-6800		
서울	(주)엠펙스코리아	02-3448-5201		
서울	(주)그레이프 커뮤니케이션즈	02-2260-5400	02-2268-5470	www.grapecomm.co.kr
서울	(주)글레어마케팅 커뮤니케이션즈	02-558-4060	02-558-6050	www.gmckorea.net
서울	(주)금강기획	02-513-1114	02-3444-4106	www.diamond.co.kr
서울	(주)대홍기획	02-3671-6114	02-3671-6770	www.daehong.co.kr
서울	(주)더블유컴	02-554-5467		
서울	(주)더플래너	02-565-9333		
서울	(주)두림컨벤션	02-563-0532	02-565-4513	
서울	(주)디윱스	02-577-4063		
서울	(주)디인터미디어	02-3443-6530		
서울	(주)리더스메이트	02-586-6886	02-586-0052	www.leadershr.com
서울	(주)리베떼	02-324-2638		
서울	(주)리프레시 투어	02-517-7335		
서울	(주)매경취업뉴스	02-2000-5733		
서울	(주)매트릭스	02-2237-0522	02-529-6094	www.matrix.co.kr
서울	(주)맨인텍	02-557-7258	02-557-7259	www.mainteach.com
서울	(주)메디알	02-589-1584		
서울	(주)메씨인터내셔날	02-569-5802	02-569-5803	
서울	(주)메인커뮤니케이션	02-598-8056		
서울	(주)미라클토탈시스템	02-527-4700	02-527-4550	
서울	(주)미텍스	02-753-2307	02-753-2303	http://home.tourtotal.com/courtney/siteinfo.htm

지역	업 체 명	전화번호	팩스번호	홈페이지
서울	(주)비엠디	02-564-7370	02-564-7368	
서울	(주)사계이벤트	02-512-5560		
서울	(주)샤프	02-735-8500	02-734-2813	www.sharp.co.kr
서울	(주)서울씨엔이	02-579-0005		
서울	(주)서울컨벤션서비스	02-363-0180	02-362-7897	www.seoulconvention.com
서울	(주)성앤드민엠아이씨이 컨설팅	02-552-0645	02-552-0646	www.seongandmin.com
서울	(주)세방여행사	02-330-4220	02-330-4140	www.globaltour.co.kr
서울	(주)세일여행사	02-733-0011	02-723-5781	www.seiltour.co.kr
서울	(주)세종컨벤션서비스	02-783-3473/4	02-783-3475	www.sejongconvention.com.kr
서울	(주)스메쉬엔터테인먼트	02-3445-2373	02-3445-2367	www.smashent.co.kr
서울	(주)스페이스앤드프로모션	02-3485-0200	02-2188-3263	www.snpi.co.kr
서울	(주)신호커뮤니케이션즈	02-2237-0065	02-2237-6459	www.shinhocomm.com
서울	(주)싸일로먼플래너스	02-3443-8425	02-3442-8521	www.syloman.com
서울	(주)씨이에스	02-546-5553	02-546-5753	www.cescon.co.kr
서울	(주)씨제이스 월드	02-773-6428		
서울	(주)아이피알포럼	02-551-7062	02-551-7059/60	www.ipr.co.kr
서울	(주)아주관광여행사	02-753-5051	02-753-5080	www.primetravel.co.kr
서울	(주)아태국제회의연구소	02-527-2940	02-527-2942	www.interpreterskorea.com
서울	(주)에스알피	02-568-3815	02-568-3810	www.srpcorp.co.kr
서울	(주)에치앤에스커뮤니케이션즈	02-3453-4031		
서울	(주)에프엠커뮤니케이션즈	02-3498-0800	02-575-4670	www.promotion.co.kr
서울	(주)엔터비즈	02-2000-5890		
서울	(주)엠투커뮤니티	02-2190-7300	02-2190-7330	
서울	(주)연하나로 기획	02-334-0337	02-333-3425	www.yonhanaro.com
서울	(주)오리콤	02-510-4174	02-511-6121	www.oricom.co.kr
서울	(주)원-월드프로덕션	02-551-5581/2	02-552-5573	
서울	(주)위너스마인드	02-553-0822	02-553-1185	www.winnersmind.co.kr
서울	(주)위츠	02-515-8210	02-515-2383	
서울	(주)유니네오	02-3461-1140	02-3461-1340	www.unineo.com
서울	(주)유니원 커뮤니케이션즈	02-550-2500	02-550-2660	www.unineo.co.kr
서울	(주)이스트마케팅그룹	02-3444-8034		www.eastgroup.biz
서울	(주)이오컨벡스	02-3462-2525	02-3402-0589	www.ioconvex.com
서울	(주)이즈피엠피	02-3475-2600	02-3475-2666	www.ezcommunity.co.kr
서울	(주)이티카운슬	02-3295-3335		
서울	(주)인디커뮤니케이션	02-516-6210		www.indicomm.co.kr
서울	(주)인세션	02-3471-8555	02-521-8683	www.insession.co.kr
서울	(주)인컴브로더	02-2016-7114	02-516-4983	www.incomm.co.kr
서울	(주)인터컨테넨탈여행사	02-564-5666		
서울	(주)자유여행사	02-3455-8888	02-3455-8899	www.freedom.co.kr
서울	(주)제일기획	02-3780-2114	02-3780-2482	www.cheil.co.kr
서울	(주)중앙일보문화사업	02-751-9061	02-751-9640	http://culture.joins.com

지역	업 체 명	전화번호	팩스번호	홈페이지
서울	(주)중앙전람	02-3445-9142		
서울	(주)쥬디앤커뮤니케이션즈	02-3142-1033	02-336-1086	www.judy-communications.com
서울	(주)지니릴레이션	02-336-0447/8	02-336-4683	www.jeannyrelations.com
서울	(주)지마콤	02-404-7186	02-404-7187	
서울	(주)지에스이엠코퍼레이션	02-322-0266	02-322-0264	www.gsem.co.kr
서울	(주)지오라인	02-554-2055	02-554-2128	
서울	(주)컨벡스코리아	02-557-7703	02-557-7708	www.convex.co.kr
서울	(주)컨벤셔니스트	02-514-8154	02-514-8157	
서울	(주)케이컴이벤트	02-754-8816		
서울	(주)케이허브	02-3462-1776	02-3462-1751	www.ceohotline.com
서울	(주)코리아컨벤션서비스	02-557-7703	2-557-7708	www.convex.co.kr
서울	(주)코벤인터내쇼날	02-766-9580		
서울	(주)코엑스	02-6000-1087	02-6000-1306	www.coex.co.kr
서울	(주)코트파	02-757-6161	02-757-6089	www.kotfa.com
서울	(주)킴스여행사	02-5572-9998	02-575-9922	http://kimstravel.com
서울	(주)트레츠 인터내셔널	02-2202-0231		
서울	(주)팁스원	02-830-1577	02-2671-2878	www.cafetea.co.kr
서울	(주)퍼프컴	02-538-3739	02-538-3559	
서울	(주)피플엑스	02-566-6067	02-566-6087	www.people-x.com
서울	(주)피피더블유코리아	02-566-5300	02-527-0702	www.ppwkorea.com
서울	(주)하이컨벤션	02-3444-9011		
서울	(주)한국로이앤드컴퍼니	02-569-2859		
서울	(주)한국전시컴벤션연구소	02-968-1381	02-968-1384	www.cei.or.kr
서울	(주)한주여행사	02-3702-0120		
서울	(주)한진관광 컨벤션팀	02-726-5551	02-778-2514	www.hanjinpco.com
서울	(주)한통	02-6000-4000	02-6000-1800	www.hantong1981.com
서울	(주)현대백화점H&S	02-723-2233	02-3014-2233	www.hyundaidreamtour.com
서울	(주)호도투어	02-753-8243	02-753-8245	www.hodotour.com
서울	(주)호텔페이지닷컴	02-563-0900	02-563-2229	www.hotelpage.com
서울	코앤엑스코리아(주)	02-3444-4942	02-3444-4953	www.coexkorea.co.kr
서울	코오롱티엔엑스(주)	02-3701-4646	02-733-2698	www.yeskolon.co.kr
서울	학교법인 해광학원	02-579-6152		
서울	한국관광홍보(주)	02-757-6171		
서울	한국생산성본부사회능력개발원(주)	02-734-6513	02-736-7999	www.kpcice.com
서울	한국컨벤션,전시산업연구원	02-552-8321	02-552-8325	www.icemkorea.com
서울	LG 애드	02-3777-2999	02-761-7451	www.lgad.co.kr
서울	SBS프로덕션	02-2113-6700	02-2113-6799	www.sbspro.co.kr
강원도	(주)인터포스	033-256-5011	033-256-7914	www.interforce.org
강원도	(합) 조은항공 여행사	033-241-6665	033-241-6665	
대구	(주)덱스코	053-746-9966	053-742-9007	www.dexco.co.kr
대구	(주)대구전시컨벤션센터	053-601-5000	053-601-5029	www.excodaegu.co.kr

지역	업 체 명	전화번호	팩스번호	홈페이지
대구	한국전시산업연구원	053-601-5330	053-601-5329	www.koex.or.kr
대전	제니컴	042-472-7458	042-472-7459	www.geni-pro.com
부산	경커뮤니케이션	051-740-5157	051-740-5160	www.mothex.co.kr
부산	이오컨벡스	051-740-7725	051-740-7726	www.ioconvex.com
부산	리컨벤션	051-638-4550	051-638-4553	www.lee-expo.com
부산	부산국제교류센터	051-853-7122	051-853-6044	www.piec.co.kr
부산	메트로컨벤션	051-751-7102	051-758-0715	
부산	렉싱턴 비즈니스센터	051-740-7777	051-740-7778	www.lexington.co.kr
부산	아름관광	051-463-0084	051-462-8427	www.arumtour.co.kr
부산	부산전시컨벤션센터	051-740-7300	051-740-7320	www.bexco.co.kr
전북	이케이프로덕션스	063-285-4720	063-285-4719	www.ekproductions.co.kr
제주	제주국제컨벤션센터	064-735-1000	064-738-8988	www.iccjeju.co.kr
제주	뭉치이벤트투어	064-724-6886	064-724-6887	www.moongchee.com
제주	엠엔시제주	064-746-4045	064-746-4047	www.mnckorea.co.kr
제주	프라임커뮤니케이션	064-744-1130		

3) 전시기획업체(PEO)

지역	업 체 명	전화번호	팩스번호	홈페이지
서울	경영전람	02-785-4771	02-785-6117	www.koreapack.org
서울	경향하우징	02-3701-1600	02-722-1161	www.ehousingfair.com
서울	네오세스컨벤션	02-2603-6653	02-2603-6654	www.neocessconvention.com
서울	동아전람(주)	02-780-0366	02-780-0368	www.dong-afairs.co.kr
서울	동양전람(주)	02-780-0843	02-780-0845	www.orienfair.co.kr
서울	디나인미감	02-2632-1951	02-2632-1952	www.designmigam.co.kr
서울	부스몰닷컴	02-3141-9018	02-784-0803	www.boothmall.com
서울	비즈마컴	02-539-9782	02-539-9785	www.bizmarcomm.com
서울	비투엑스포	02-6300-2780	02-6300-2789	http://b2expo.org
서울	서기모형	02-393-7172	02-393-7172	www.seogimodel.com
서울	서울메쎄인터내셔널(주)	02-6000-1515	02-6000-1519	www.seoulmesse.co.kr
서울	서울무역전시장	02-222-3800	02-222-3820	www.setec.or.kr
서울	서울전람(주)	02-529-0691	02-529-0696	www.seoulfairs.com
서울	서울컨벤션서비스	02-363-0180	02-362-7897	www.seoulconvention.com
서울	세계전람(주)	02-3453-8887	02-3453-4445	www.educare.co.kr
서울	세성디앤아이	02-2229-4216	02-2292-4810	www.seungad.com
서울	스카이엑스포	02-2191-5131	02-2191-5132	www.skyexpo.co.kr
서울	씨이에스	02-546-5553	02-546-5753	www.cescon.co.kr/
서울	애나인인터내셔날	02-511-2385	02-511-2387	www.anign.com
서울	앤시트로	02-3273-3138	02-3273182	www.nctro.com
서울	얼트씨(주)	02-1-752-1077		
서울	엑스코그룹코리아	02-6000-7710	02-6000-7719	www.excokorea.com
서울	엑스포럼(주)	02-6000-5566	02-6000-5560	www.exporum.com
서울	연하나로기획	02-324-0337	02-333-3425	www.yonhanaro.co.kr
서울	월드전람(주)	02-557-6776	02-557-0870	www.world-expo.co.kr
서울	이벤트3	02-333-7336	02-325-9040	www.event3.co.kr
서울	이엔씨 커뮤니케이션	02-556-2167	02-556-2169	www.ienc.co.kr
서울	인터페어항공(주)	02-7332-1006	02-732-1008	www.interfair.co.kr
서울	전자신문사	02-2168-9332	02-2636-8225	www.sek.co.kr
서울	젠코리아	02-711-4546	02-711-4549	www.genkorea.co.kr
서울	(주)신호커뮤니케이션즈	02-2237-0065	02-2237-6459	www.shinhocomm.com
서울	(주)젝스컴	02-719-2177	02-719-2179	www.zexcom.com
서울	(주)케이훼어스	02-555-7153	02-556-9474	www.kfairs.com
서울	중앙일보	02-751-9621	02-751-9640	www.expojoins.com
서울	중앙전람	02-3445-7775	02-3445-6045	www.jafair.co.kr
서울	코리아리쿠르트(주)	02-3270-8900	02-3270-8911	www.recruit.co.kr
서울	코스디자인	02-3143-4056	02-3143-4057	www.icoss.co.kr
서울	토인환경디자인	02-542-4900	02-461-9311	www.toindedesign.com

지역	업 체 명	전화번호	팩스번호	홈페이지
서울	피스코인터내셔널	02-553-9822	02-553-9825	www.piscoi.com
서울	한국 이앤엑스	02-551-0102	02-5510103	www.eandex.co.kr
서울	한국경제신문	02-360-4114		www.hankyung.com
서울	한국국제전시회	02-761-2512	02-761-2517	www.kieca.co.kr
서울	한국산업마케팅연구원(주)	02-588-248	02-2480-2599	www.kimikorea.com
서울	한국전람(주)	02-781-8261	02-784-6810	www.ktfairs.com
서울	한국전시엑스퍼트(주)	02-6000-0024		www.koexpert.co.kr
서울	호산나전시기획	02-571-0245	02-571-0025	www.hosanna-design.co.kr
서울	e플러스	02-556-2236	02-556-2261	www.eplus21.com
경기	뷰로테크	031-622-1004	031-622-1044	www.viewrow.com
경기	사이덱스이십일	031-734-3434		www.cydex21.com
경기	한국국제전시장	031-810-8114	031-810-8033	www.gokintex.co.kr
대구	동인전람(주)	053-601-5477	053-601-5470	www.donginexpo.com
대구	한국전시산업연구원	053-601-5330	053-601-5329	www.koex.or.kr
대전	대전전람(주)	042-861-2114		

4) 이벤트 기획업체

지역	업 체 명	전화번호	팩스번호	홈페이지
서울	가창커뮤니케이션	02-418-5477	02-418-9154	
서울	광개토엔터프라이즈(주)	02-566-4611	02-564-4611	www.event1996.com
서울	그린미디어(주)	02-3471-6466	02-3471-7331	www.greenmedia.co.kr
서울	레드컴	02-500-2004	02-2236-6172	www.redcom.com
서울	맥커뮤니케이션(주)	02-521-1004	02-512-1064	www.maccomm.co.kr
서울	명이벤트그룹	02-862-9428	02-863-2543	www.myungevent.co.kr
서울	문화예술기획Opening	02-925-4036	02-925-4037	
서울	비앤화이트(Black&whitepaper)	02-3391-1148	02-3391-3448	www.bnwhite.com
서울	새한이벤트	02-949-2672	02-949-2674	www.eventsaehan.co.kr
서울	서울프로모션(주)	02-3446-9898	02-3446-9894	www.seoulpromotion.com
서울	성광기획(주)	02-3444-9519	02-3444-9086	www.sk-com.com
서울	세기커뮤니케이션즈	02-934-2486	02-934-2488	ww.segievent.co.kr
서울	시백커뮤니케이션즈	02-741-7030	02-743-4003	www.cimac.com
서울	씨엔에스	02-571-8969	02-571-8974	www.cnsbiz.com
서울	씨티에스(CTS)기획	02-515-7280	02-515-7420	www.event-cts.co.kr
서울	아이엠엔터테인먼트	02-544-4258	02-544-8318	www.theevent.com
서울	엠피케이커뮤니케이션	02-713-4677	02-718-8779	www.mpkevent.com
서울	영재기획	02-461-5508	02-461-8795	
서울	이라인커뮤니케이션즈	02-3445-0811	02-3445-0813	
서울	이레기획(주)	02-555-6144	02-555-6140	www.ele.co.kr
서울	이메이드	02-753-5673	02-956-4243	www.emade.co.kr
서울	이벤트매니아	02-433-9572	02-433-9574	www.eventmaina.co.kr
서울	이벤트팀기쁜우리	02-2275-0575	02-2273-9953	www.eventteam.co.kr
서울	(주)건아이앤씨	02-566-7815	02-566-7816	www.kun-a.com
서울	(주)더비바라인	0588-8677	02-3141-1915	www.thevivaline.com
서울	(주)더팀	02-561-4712	02-797-1696	theteam.co.kr
서울	(주)라첼	02-515-9222	02-516-9222	www.rachel.co.kr
서울	(주)루시드기획	02-421-7970	02-421-7919	
서울	(주)루트웍스	02-581-1007	02-581-1055	
서울	(주)루트컴	02-581-1007	02-581-1055	
서울	(주)리더스엔터테인먼트	02-534-8288	02-534-8288	www.leadersent.co.kr
서울	(주)리더스엔터프라이즈	02-514-0336	02-514-0343	
서울	(주)리더이벤트	02-784-2426	02-702-1888	www.leaderevent.co.kr
서울	(주)링크커뮤니케이션즈	02-821-4650	02-529-6094	www.event119.co.kr
서울	(주)맨테크	02-577-5550	02-577-6555	www.man-tech.co.kr
서울	(주)메가커뮤니케이션	02-337-3838	02-338-4548	www.megacom.co.kr
서울	(주)메이드컴	02-564-9715		www.eventkorea.net
서울	(주)메이요미디어글로벌	02-576-5145	02-576-4129	www.meiyo.co.kr

지역	업 체 명	전화번호	팩스번호	홈페이지
서울	(주)메타프로	02-512-5550	02-512-5503	www.metapro.co.kr
서울	(주)모닝캄코리아21	02-563-6184	02-563-6074	www.mck21.com
서울	(주)문화집단 좋은세상만들기	02-782-5700	02-786-9325	www.ctoc.co.kr
서울	(주)미디어와사람들	02-572-1308	02-572-1307	www.mandp.co.kr
서울	(주)미디커뮤니케이션	02-3272-2636	02-3272-2638	www.midicom.co,kr
서울	(주)미래세움	02-540-4488	02-518-3064	www.mileseum.com
서울	(주)브레인커뮤니케이션	02-546-6667	02-552-0531	www.crebrain.com
서울	(주)비엘씨이	02-413-6630	02-425-0547	www.blce.co.kr
서울	(주)상상프로모션	02-322-1733	02-322-1735	
서울	(주)선환엔터테인먼트	02-476-2344	02-476-0161	www.eventacademy.co.kr
서울	(주)스타라인	02-769-1230	02-540-0369	www.eventdial.com
서울	(주)스타트라인엔터테인먼트	02-790-3222	02-790-3267	www.estartline.com
서울	(주)스트리트컴	02-565-0066	02-564-1125	www.streetcomm.co.kr
서울	(주)시너지21	02-3443-7444	02-3443-7822	
서울	(주)씨아이미디어	02-3665-2471	02-3665-2477	www.cimedia.co.kr
서울	(주)씨유웰커뮤니케이션즈	02-3142-6244	02-3142-6249	www.cuw.co.kr
서울	(주)씨피엠코리아	02-541-4588		www.cpmkorea.com
서울	(주)아이앤지커뮤니케이션	02-332-1580	02-3141-0539	
서울	(주)아트카오스	02-761-9898	02-761-9897	www.artchaos.co.kr
서울	(주)에스인기획	02-452-6724	02-436-5390	www.eventseoil.co.kr
서울	(주)에스제이노블	02-540-0353	02-3445-4595	www.sjnble.co.kr
서울	(주)에프엠커뮤니케이션즈	02-3498-0800	02-575-4670	www.promotion.co.kr
서울	(주)엠앤씨파트너스(M%Cpartners)	02-540-8686	02-540-8685	www.mncp.co.kr
서울	(주)엠이천	02-566-9845	02-566-9847	www.m2000net.com
서울	(주)연.하나로기획	02-334-0337	02-333-3425	www.yonhanaro.co.kr
서울	(주)연출법인월드파워	02-501-4611	02-501-4622	www.worldpower4u.com
서울	(주)원스컴	02-581-7088	02-581-7089	www.withuspro.co.kr
서울	(주)위더스프로모션	02-508-3788	02-508-3828	
서울	(주)유니세스	02-587-0690	02-3487-0690	www.unicess.co.kr
서울	(주)유니원커뮤니케이션즈	02-550-2500	02-550-2660	www.unione.co.kr
서울	(주)유앤커뮤니케이션	02-322-6850	02-322-7847	www.yoo-an.com
서울	(주)유앤케이커뮤니케이션	02-584-0001	02-523-7900	www.unk.co.kr
서울	(주)이데아이벤트	02-3471-0365	02-553-0361	www.2dea.co.kr
서울	(주)이벤트크로스	02-511-2673	02-511-2674	www.eventcross.co.kr
서울	(주)이벤트피아	02-521-7761	02-523-3436	www.eventpia.co.kr
서울	(주)이스트닷컴	02-3443-6278	02-549-6279	www.istcom.co.kr
서울	(주)이알플러스	02-2051-1588	02-2051-1589	www.erplus.co.kr
서울	(주)이앤피커뮤니케이션	02-3486-1420	02-3486-2420	www.enp21.com
서울	(주)이엘엔터프라이즈	02-822-5080	02-822-5248	www.eventlink.co.kr
서울	(주)인컴브로더	02-2016-7114	02-516-4938	www.incommbrodeur.com

지역	업 체 명	전화번호	팩스번호	홈페이지
서울	(주)인터내셔널스타컴	02-575-2982	02-3443-5637	www.istarcom.co.kr
서울	(주)인터라인컴	02-452-7228	02-453-7236	www.interlinecom.co.kr
서울	(주)젠커뮤니케이션(zen)	02-782-7523	02-782-7523	www.zen.co.kr
서울	(주)지컴	02-581-6989	02-3471-6986	www.gcomm.co.kr
서울	(주)진진이벤트프로덕션	02-784-5060	02-784-5060	jinjinevent.co.kr
서울	(주)창마케팅커뮤니케이션그룹	02-3477-1256	02-3471-2389	www.window21.com
서울	(주)큐엔씨컴	02-469-8977	02-498-9788	www.event.com
서울	(주)투비커뮤니케이션	02-738-0990	02-738-0992	www.tobecom.net
서울	(주)퍼프컴	02-538-3599	02-538-3559	www.puffcom.com
서울	(주)피케이커뮤니케이션즈	02-540-2700	02-540-6010	www.pkcomm.co.kr
서울	(주)피플앤크리에이티브	02-588-2700	02-588-2801	
서울	(주)피피더블유코리아	02-566-5300	02-527-1110	www.ppwkorea.com
서울	(주)화인ENT	02-337-1621	02-337-1623	
서울	(주)힘있는사람들	02-786-6966	02-2675-6676	www.heemsaram.co.kr
서울	(주)DH Communications	02-718-8491	02-718-8471	www.dhcoms.co.kr
서울	(주)IPG	02-333-7423	02-333-7444	www.ipgakorea.com
서울	(주)JW커뮤니케이션즈	02-462-4637	02-461-4016	www.jwcoms.com
서울	(주)KMC커뮤니케이션	02-780-7523	02-780-7209	www.star-kmc.co.kr
서울	(주)MPEXKOREA	02-3448-5201	02-3448-5204	www.mpexkorea.com
서울	지이티	02-3442-5886	02-3444-8337	www.get95.co.kr
서울	큰사람Communication	02-969-1666	02-969-1660	www.great-man.com
서울	테마이벤트	02-2682-3936		
서울	토탈커뮤니케이션	02-780-0126	02-780-6723	www.totalcomm.co.kr
서울	통커뮤니케이션	02-420-9494	02-418-7906	www.tongcom.net
서울	포레스트커뮤니케이션	02-591-9891	02-598-9453	www.cforest.co,kr
서울	훼밀리커뮤니케이션	02-333-5501	02-333-5516	www.familycomm.com
서울	KBS미디어	02-781-8161	02-784-9285	www.kbsmedia.co.kr
강원	신화이벤트	033-637-4903		www.eshinhwa.net
강원	자마커뮤니케이션	011-376-9016	033-762-0916	www.izamar.co.kr
강원	참빛애드	033-653-2986	033-651-8555	
경기	장환이벤트	032-343-8732	032-348-0393	www.janghwan.co.kr
경기	이룸기획	031-719-5751	031-719-5758	
경기	이레스타	031-243-6616	031-244-6616	www.irestar.com
경기	베스트 이벤트기획	031-224-9451	031-226-9458	www.eventbest.co.kr
경기	(주)아이더스(iders)	031-252-4567	031-248-4008	iders.co.kr
경기	가나이벤트기획. 안양레저스쿨	031-443-0111	031-388-5102	www.ganaevent.co.kr
경기	한기획(주)	02-441-9114	02-442-6114	www.hanevent.co.kr
경남	다짐이벤트	055-322-8982	055-322-8982	www.dazimevent.com
경남	드림웍스	055-223-7017	055-224-7757	www.event114.co.kr
경남	문화엔터프라이즈	055-265-4975	055-237-4975	www.mhevent.co.kr
경남	서진기획이벤트	055-635-8220	055-632-8221	

지역	업 체 명	전화번호	팩스번호	홈페이지
경남	세종이벤트기획	055-263-8460	055-263-8469	sejongcom.co.kr
경남	아셀커뮤니케이션	055-253-0964	055-253-0965	www.ashell.co.kr
경남	(주)조이엔터테이먼트	055-746-6001	055-747-0946	www.joyenter21.com
경남	(주)EYBBEN	055-267-7077	055-282-5144	www.eyeben.com
경남	PR(피알)이벤트기획	055-261-9194	055-261-9194	
경남	엑트	055-288-0153	055-238-6285	www.act4u.co.kr
경북	다움이벤트	054-437-3344		
경북	신우이벤트	054-775-4563	054-775-4564	
경북	제이컴기획	054-773-9592	054-772-2662	www.jcomevent.co.kr
경북	(주)EMC기획	054-638-7851	054-638-7841	www.eventiemc.co.kr
광주	니즈커뮤니케이션즈	062-228-5460	062-228-5461	
광주	베스트프로덕션	062-529-4711	062-529-4712	
광주	에이스기획	062-524-9696	062-524-9698	
광주	이벤토피아	062-222-6177	062-234-6177	www.kjwedding.co.kr
광주	이벤트그룹다솔	062-363-1780	062-262-2586	www.dasolevent.co.kr
광주	좋은기획	062-603-2114	062-603-2116	
광주	(주)맥스파워	062-263-8856	062-263-8858	www.maxpawer.co.kr
광주	(주)아인스	062-653-1337	062-654-1337	
광주	(주)우리커뮤니케이션	062-654-4111	062-654-4112	www.eventwoori.co.kr
광주	(주)젝스코	062-375-4046	062-381-3053	www.gexco.co.kr
광주	(주)하나커뮤니케이션	062-351-5005	062-351-5004	www.eventhana.co.kr
광주	코레트기획	062-226-4700	062-369-2066	
광주	한마당이벤트	062-515-3242	062-522-8721	eventhan.co.kr
광주	한울기획	062-514-6766	062-232-4022	
대구	대경커뮤니티	053-626-8287	053-625-1365	www.event-114.com
대구	대구MAIN이벤트기획	053-421-7439	053-421-7440	
대구	미소이벤트	053-768-0147	053-768-6349	www.misoevent.com
대구	써니커뮤니케이션	053-759-3093	053-759-3095	
대구	이벤트대한민국	053-255-7060	053-783-6040	www.e-dangun.com
대구	(주)놀레벤트	053-381-6101	053-381-6102	www.eventnol.cpm
대구	(주)서광애드컴	053-563-6882	053-563-4980	www.sevent.co.kr
대구	(주)코리아커뮤니케이션즈	053-427-4312	053-431-6026	www.ikoreaevent.com
대구	(주)파워엔터테이먼트	053-422-4224	053-763-4223	www.powerenter.com
대구	파워이벤트	053-761-6923	053-761-3661	www.powerevent.co.kr
대구	한울기획/이벤트	053-783-9960	053-783-2848	
대구	해적이벤트	053-356-4337	053-357-2630	www.pirates.co.kr
대전	리허설엔터프라이즈	042-254-1416	042-254-2444	tjevent.co.kr
대전	모닝엔터컴	042-531-5600	042-531-5601	www.morningenter.com
대전	에스컴	042-484-3637	042-487-9945	www.scom.to
대전	우리기획	042-482-5314	042-482-5314	

지역	업 체 명	전화번호	팩스번호	홈페이지
대전	유레카커뮤니케이션	042-535-4660	042-535-4661	
대전	(주)이앤씨	042-535-0313	042-527-6809	www.enc.or.kr
대전	(주)퍼스트라인	042-525-0966	042-525-0965	
대전	(주)조이엔터테이먼트	042-223-7815	042-223-7816	
대전	(주)EYBBEN	042-221-0210	042-221-0209	eventfusion.co.kr
대전	PR(피알)이벤트기획	042-482-0506	042-482-0536	
대전	엑트	042-581-3488	042-581-3477	
대전	다움이벤트	042-223-1493	042-221-1493	www.hogam.co.kr
대전	신우이벤트	042-221-0651	042-221-0650	
부산	제이컴기획	051-747-0002	051-741-4611	www.21cevent.com
부산	(주)EMC기획	051-583-8124	051-583-8125	
부산	니즈커뮤니케이션즈	051-753-3605	051-752-3087	www.evderam21.com
부산	베스트프로덕션	051-867-4666	051-867-4667	yescall.com/medevent/
부산	에이스기획	051-642-5746	051-642-5755	www.vancome.com
부산	이벤토피아	051-851-6113	051-851-6223	www.eventbusan.co.kr
부산	이벤트그룹다솔	051-517-0006	051-517-0075	
부산	좋은기획	051-611-0002	051-611-1002	
부산	(주)맥스파워	051-853-6050	051-867-7904	www.doremievent.com
부산	(주)아인스	051-754-3114	051-756-2869	www.raycomm.com
부산	(주)우리커뮤니케이션	051-292-0098	051-292-0096	www.mirai-event.co.kr
부산	(주)젝스코	051-623-0110	051-518-7617	www.im-com.co.kr
부산	(주)하나커뮤니케이션	051-515-4641	051-515-4652	www.acevent.co.kr
부산	코레트기획	051-441-7976		
부산	한마당이벤트	051-634-0780	051-634-0779	
부산	한울기획	051-816-3731	051-806-3736	www.sks-event.com
울산	대경커뮤니티	052-249-2777	052-248-8056	
인천	대구MAIN이벤트기획	032-288-0005	032-886-0052	
인천	미소이벤트	032-429-4224	032-429-4225	www.moonevent.co.kr
인천	써니커뮤니케이션	032-423-1900		
인천	이벤트대한민국	032-888-2114	032-888-2266	www.eventartbank.com
인천	(주)놀레벤트	032-434-5711	032-434-5713	www.frmy.com
인천	(주)서광애드컴	032-423-1901	032-424-1901	
인천	(주)코리아커뮤니케이션즈	032-541-0930	032-541-0881	www.pam21.co.kr
전남	(주)파워엔터테이먼트	061-242-2871	061-242-9393	www.nyevent.wo.to
전남	파워이벤트	061-245-0825	061-245-0824	
전남	한울기획/이벤트	061-654-7888	061-654-4600	www.sori2020.co.kr
전북	해적이벤트	063-253-7117	063-253-7119	
전북	리허설엔터프라이즈	063-231-0022	063-286-1110	www.starlineevent.co.kr
전북	모닝엔터컴	063-857-2924	063-854-5045	www.sinwoo-event.co.kr
전북	에스컴	063-452-9394	063-452-9779	
전북	우리기획	063-857-2925	063-854-5045	

지역	업 체 명	전화번호	팩스번호	홈페이지
전북	유레카커뮤니케이션	063-226-2141	063-226-2143	www.eventgallery.co.kr
전북	(주)이앤씨	063-286-8785	063-282-6159	www.poongnamad.com
제주	(주)퍼스트라인	064-749-9966	064-748-8778	www.bobent.com
제주	좋은사람들이벤트	064-744-1433	064-733-2289	www.prime-com.biz
제주	프라임기획	064-723-1444	064-723-1447	backjeevent.co.kr
충남	백제이벤트	041-548-6032	041-548-6033	www.artevent.co.kr
충북	이벤트기획아트	043-256-2110	043-223-4807	
충북	이벤트나라	043-284-1004		
충북	(주)신백수이벤트	043-221-5885	043-224-9600	www.eventshin.com
충북	(주)에스엠	043-237-9495	043-237-9497	
충남	(주)하얀세상 Event	041-553-5004	041-564-5004	www.gowhiteworld.com
충북	청사	043-291-6101	043-291-6104	

5) 회의장비 및 전시장비 전문임대업체

지역	업 체 명	업종	전화번호	팩스번호	홈페이지
서울	렌탈은행	회의장비임대	02-553-3552	02-552-0850	www.oabank.com
서울	(주)이렌컴	회의장비임대	02-466-7707	02-466-7708	www.erencom.co.kr
서울	(주)티에스엠	회의장비임대	02-539-6860	02-539-6860	www.etsm.co.kr
서울	(주)피스코인터내셔널	회의장비임대	02-553-9822	02-553-9825	www.piscoex.com
서울	(주)한국 이엔아이	회의장비임대	02-563-8670	02-563-8772	www.messeworld.co.kr
서울	나라비전(주)	회의장비임대	02-6334-5300	02-6334-5301	www.nara.co.kr
서울	동양콤비락	회의장비임대	02-752-2744	02-756-6986	www.dadesign.co.kr
서울	라이브와이어코리아	회의장비임대	02-873-2930	02-873-2938	www.livewire.co.kr
서울	맥디자인	회의장비임대	02-501-9944	02-501-9080	www.macdesign.co.kr
서울	빅파인트리	회의장비임대	02-593-1346	02-598-1349	www.bigpinetree.com
서울	새나라텔레콤(주)	회의장비임대	02-2107-8770	02-2107-8774	www.urinara.com
서울	아이맥스	회의장비임대	02-595-9541	02-595-9542	www.imaxrental.com
서울	아트디자인(주)	회의장비임대	02-542-0056	02-517-6341	www.artdesigns.co.kr
서울	윈시앤씨	회의장비임대	02-923-4778	02-925-5948	www.wincnc.com
서울	파노라마미디어	회의장비임대	02-6000-3242	02-6000-3244	www.pano-m.com
서울	포커스인터내셔날	회의장비임대	02-2299-3214	02-2299-3215	www.fics.co.kr
서울	피아트건설	회의장비임대	02-564-6364	02-556-3512	www.fiart.co.kr
서울	필립 메쎄(주)	회의장비임대	02-561-3000	02-553-4352	www.pillipmesse.co.kr
서울	한국 디아이에스	회의장비임대	02-3431-8882	02-3431-8845	www.diskorea.com
서울	한국렌탈(주)	회의장비임대	02-554-9696	02-556-4343	www.korearental.co.kr
서울	한국훼미리렌탈	회의장비임대	02-445-9393	02-445-5590	
서울	(주)한국A/V	회의장비임대	02-776-3333	02-756-0303	www.avkorea.com
서울	(주)티에스엠	회의장비임대	02-539-6860	02-539-6930	www.etsm.co.kr
서울	(주)오에이뱅크	회의장비임대	02-553-3552	02-552-0580	www.oabank.com
서울	(주)이렌컴	회의장비임대	02-466-7707	02-466-7708	www.064rent.co.kr
서울	(주)씨아이 아트포인	전시장비임대	02-792-7193	02-790-2343	www.artpoint.co.kr
서울	가족일동	전시장비임대	02-323-3212	02-338-1936	www.colosso.net
서울	(주)아이넥스	전시장비임대	02-456-9542	02-456-3769	www.dinex.co.kr
서울	동양섬유 인테리어(주)	전시장비임대	02-511-1249/59	02-511-1092	www.dysumyu.co.kr
서울	(주)동양콤비락	전시장비임대	02-536-8494~5	02-3479-2064	www.combilock.com
서울	(주)엑스컴 인터내셔널	전시장비임대	02-6000-4900	02-551-4905	www.excom21.com
서울	가원전시환경(주)	전시장비임대	02-929-6288	02-929-9183	www.gawonet.com
서울	GL Associates	전시장비임대	02-518-7721	02-518-7728	www.glexhibit.com
서울	(주)그룹엠코	전시장비임대	02-546-7313	02-546-7314	www.groupmco.com
서울	희훈디앤지	전시장비임대	02-333-2081~5	02-337-6324	www.heehoon.co.kr
서울	(주)효성디자인	전시장비임대	02-534-5418	02-535-6318	www.hyosungdesign.co.kr
서울	흥서산업주식회사	전시장비임대	02-508-1666	02-508-2622	www.foga.co.kr
서울	(주)일송아트	전시장비임대	02-3444-8711	02-3444-8791	www.is-art.co.kr
서울	영상무대	전시장비임대	02-521-9265	02-521-9268	www.imstage.co.kr

지역	업 체 명	업종	전화번호	팩스번호	홈페이지
서울	제이샤프디자인	전시장비임대	02-545-6183	02-516-0574	
서울	전연디자인	전시장비임대	02-541-3641	02-542-9265	jeonyeon@hananet.net
서울	(주)중앙전람	전시장비임대	02-3445-7775	02-3445-6045	www.jafair.co.kr
서울	(주)케이플랜	전시장비임대	02-567-3930	02-567-3931	www.kplan.co.kr
서울	고도커뮤니케이션즈	전시장비임대	02-761-4820	02-761-9925	www.kodocom.co.kr
서울	경동디자인	전시장비임대	02-784-8896	02-784-6164	kyoung-dong@hanmail.net
서울	(주)네오시스테크놀로지	전시장비임대	02-558-4415	02-558-4412	www.neosystec.com
서울	(주)엔쓰리 D&T	전시장비임대	02-575-9332	02-575-9217	www.nthree.com
서울	(주)파나아트	전시장비임대	02-706-0055	02-706-0059	www.panaart.co.kr
서울	(주)필그린내외건축	전시장비임대	02-569-3392	02-558-4756	www.philgreen21.com
서울	(주)필립디자인	전시장비임대	02-501-4100	02-561-7109	www.pillipdesign.co.kr
서울	(주)피스코인터내셔널	전시장비임대	02-553-9822	02-553-9825	www.piscoi.com
서울	삼원S&D	전시장비임대	02-3475-3300	02-3475-3303~7	www.samwonsd.co.kr
서울	신광애드컴	전시장비임대	02-501-7573	02-501-7590	www.skad.co.kr
서울	(주)선웅건축	전시장비임대	02-423-9174	02-423-7692	www.sunwoong.co.kr
서울	SYP Design	전시장비임대	02-6000-4960~3	02-6000-4965	www.coexdesigncenter.co.kr
서울	(주)섹터디자인	전시장비임대	02-3452-1122	02-3452-5560	www.sectordesign.co.kr
서울	시앤시 전시문화	전시장비임대	02-2168-8888	02-2168-8889	sinsi21@seenshow.com
서울	선우데코	전시장비임대	02-743-6409	02-3673-2533	sunwoodeco@yahoo.co.kr
서울	투비디자인	전시장비임대	02-569-0111~3	02-508-0610	www.tobedesign.com
서울	토인은 전시디자인	전시장비임대	02-542-4900	02-461-9311	www.toinad.com
서울	유닉스코리아(주)	전시장비임대	02-551-5518	02-551-5521	www.unixkorea.co.kr
서울	(주)위택디자인	전시장비임대	02-555-2494	02-555-2778	www.wintechdesign.co.kr
서울	Plus Infini	전시장비임대	02-3444-3660	02-3444-3630	www.p-infini.com
경기	(주)호아트	전시장비임대	031-791-3646	031-792-3646	hoart791@korea.com
경기	(주)삼호산업	전시장비임대	031-499-3588	031-431-3501	www.e-samho.com

6) 통 · 번역업체

지역	업 체 명	전화번호	팩스번호	홈페이지
서울	(주)랭스타	02-369-8799	02-369-8799	www.langstar.com
서울	대한번역개발원	02-775-5828	02-775-5949	www.ftrans.co.kr
서울	동시통역사센터	02-775-6800	02-777-4290	www.interpreter.co.kr
서울	서울인포컴	02-589-1556	02-589-1538	www.translate.co.kr
서울	아태국제회의연구소	02-527-2940	02-527-2942	www.interpreterskorea.com
서울	위커뮤니케이션즈	02-558-3695	02-558-2315	www.wecomm.co.kr
서울	윈윈동시통역	02-545-3088	02-545-8836	www.winwintrans.com
서울	이화여자대통번역센터	02-3277-3661	02-3277-3664	home.ewha.ac.kr/~gsti
서울	천하닷컴	02-786-0457	02-769-1859	www.chonha.com
서울	코리아헤럴드 통번역센터	02-723-0030	02-723-0024	www.heraldtrans.com/
서울	코스모콜KOREA	02-582-0083	02-582-0283	www.cosmocall.co.kr
서울	한국외국어대학교 통역번역센터	02-963-5356	02-963-8780	www.hufscit.com
서울	한국관광통역연합회	02-6273-8564	02-6273-8570	www.iccos.co.kr
서울	한국동시통역연구소	02-557-7703	02-557-7708	www.convex.co.kr/work/work.asp
서울	한국통역번역	02-6000-4000	02-6000-1800	www.koti.co.kr
경기	그린서비스	031-715-3110	031-717-2242	www.greentrans.co.kr
부산	구미외국어번역사	051-242-8013		
부산	설수국외국어번역사	051-242-8013	051-242-8013	
부산	글로벌공인번역사	051-441-6393	051-441-6394	
부산	남경번역사	051-464-8698		
부산	국제이주개발공사부산지사(부설범흥 유학원)	051-632-3996	051-809-1936	
부산	한솔에스엔티	051-818-6457	051-817-2741	
부산	범흥공사	051-632-3996		
부산	부산번역사	051-243-0712	051-243-0712	
부산	번역사무소유학뱅크	051-818-7001	051-818-7005	
부산	서정공인통번역사	051-469-9571	051-465-0556	
부산	아주번역사	051-245-1549	051-247-0614	www.translation21.co.kr
부산	임종철외국어번역행정사	051-465-1549	051-466-9298	
부산	영신번역	051-507-1800	051-507-1802	

7) 공연기획업체

지역	업 체 명	전화번호	팩스번호	홈페이지
서울	(주)미루스테이지	02-733-7433	02-733-0833	
서울	국제윤이상협회	02-391-963	102-396-9534	
서울	더 컴퍼니	02-2233-6906	02-2233-6962	
서울	떼아씨네	02-741-9723	02-741-9721	
서울	라이브플러스	02-522-9333	02-3472-7767	
서울	루트원	02-516-4903	02-516-0510	
서울	메타커설팅지획	02-3673-4591	02-764-2772	
서울	미추홀예술진흥회	02-391-2822	02-391-4623	
서울	빈체로	02-599-5743	02-599-5748	
서울	서울예술기획	02-3472-4480	02-3472-4481	
서울	세실예술기획	02-778-6295	02-583-6292	
서울	세종예술기획	02-2274-5688	02-2279-5872	
서울	수예술기획	02-543-3482	02-543-3483	
서울	스테이지 원	02-780-5054	02-786-2274	
서울	악어기획	02-764-8760	02-3673-2650	
서울	여성문화예술기획	02-583-3120	02-525-3920	
서울	웰비스	02-3463-4993	02-3464-4995	
서울	음악친구들	017-245-5359	02-3486-0149	
서울	지음기획	02-2265-9235	02-2265-4399	
서울	축제를 만드는 사람들	02-741-393	402-6280-2924	
서울	크레디아	02-751-9606	02-751-9604	
서울	톰방	02-584-9039	02-584-9066	
서울	피아노포르테	02-497-1973	02-499-2643	
서울	하나인월드	02-3401-6098	02-443-8554	
서울	한국무지카	02-2277-6516	02-2266-6160	
서울	한국아카디아	02-3665-4950	02-3665-4956	
서울	화인예술기획	02-353-7538	02-358-6074	
서울	힝프로덕션	02-2260-8609	02-2260-8609	
서울	CJ	02-726-8792	02-726-8291	
서울	GI	02-929-4498	02-929-4498	
서울	JT Culture	02-745-0308	02-745-0309	
서울	MBC	02-789-0135	02-789-0111	
서울	OPUS21	02-322-7970	02-322-7133	
서율	SBS	02-789-9641	02-786-7979	
서울	SJ	02-399-5896	02-399-5899	
부산	미래와 음악	051-636-4142	051-636-4143	
부산	부산아트매니지먼트	051-747-1536	051-746-0827	
부산	부산예술협의회	051-746-6893	051-746-6891	

지역	업 체 명	전화번호	팩스번호	홈페이지
경기	(재)고양문화재단	031-968-9614	031-961-6368	
경기	(재)부천문화재단	032-326-6923	032-326-6929	
경기	성전문화재단	031-257-4500	031-246-7585	
대전	장예술기획	042-225-2338	042-255-2338	
경북	영남예술기획	054-457-9696	054-457-6663	
광주	한국예술문화연구회	062-374-2524	062-376-0223	
전북	(사)전주세계소리축제 조직위원회	063-232-8395	063-231-3327	

3. 국제회의산업육성에 관한 법률, 시행령 및 시행규칙

국제회의산업 육성에 관한 법률

제정 1996.12.30 법률 제5210호
개정 2001. 3.28 법률 제6442호
개정 2003. 8. 6 법률 제6961호

제1조 (목적)

이 법은 국제회의의 유치를 촉진하고 그 원활한 개최를 지원하여 국제회의산업을 육성・진흥함으로써 관광산업의 발전과 국민경제의 향상 등에 이바지함을 목적으로 한다.

제2조 (정의)

이 법에서 사용하는 용어의 정의는 다음과 같다.

1. "국제회의"라 함은 상당수의 외국인이 참가하는 회의(세미나・토론회・전시회 등을 포함한다)로서 대통령령이 정하는 종류와 규모에 해당하는 것을 말한다.

2. "국제회의산업"이라 함은 국제회의의 유치 및 개최에 필요한 국제회의시설, 서비스등과 관련된 산업을 말한다.

3. "국제회의시설"이라 함은 국제회의의 개최에 필요한 회의시설, 전시시설 및 이와 관련된 부대시설 등으로서 대통령령이 정하는 종류와 규모에 해당하는 것을 말한다.

4. "국제회의도시"라 함은 국제회의산업의 육성・진흥을 위하여 제14조의 규정에 의하여 지정된 특별시・광역시 또는 시를 말한다.[개정 2003.8.6]

5. "국제회의의 전담조직"이라 함은 국제회의산업진흥을 위하여 각종 사업을 수행하는 조직을 말한다.[신설 2003.8.6]

6. "국제회의산업육성기반"이라 함은 국제회의시설, 국제회의 전문인력, 전자국제회

의체제, 국제회의정보 등 국제회의 유치 · 개최를 지원 · 촉진하는 시설 · 인력 · 체제 · 정보 등을 말한다.[신설 2003.8.6]

제3조 (국가의 책무)

①국가는 국제회의산업의 육성 · 진흥을 위하여 필요한 계획의 수립 등 행정 · 재정상의 지원조치를 강구하여야 한다.

②제1항의 규정에 의한 지원조치에는 국제회의 참가자가 이용할 숙박시설 · 교통시설 및 관광편의시설 등의 설치 · 확충 또는 개선을 위하여 필요한 사항이 포함되어야 한다.

제4조 (국제회의산업육성위원회의 설치 · 운영 등)[개정 2003.8.6]

①국제회의산업육성에 관한 다음 각호의 사항을 심의하기 위하여 문화관광부장관 소속하에 국제회의산업육성위원회(이하 "육성위원회"라 한다)를 둔다.[개정 2001 · 3 · 28][개정 2003.8.6]

1. 국제회의산업육성 기본계획
2. 국제회의시설 건립계획
3. 국제회의도시 지정 및 취소
4. 그 밖에 문화관광부장관이 필요하다고 인정하여 부의하는 사항

② 문화관광부장관은 육성위원회의 효율적인 운영을 위하여 전문직 ·

기술적인 자문이 필요하다고 인정하는 경우 관계전문가로 구성되는 국제회의산업자문단(이하 "자문단"이라 한다)을 둘 수 있다.[개정 2001 · 3 · 28][개정 2003.8.6]

③ 제1항 및 제2항의 규정에 의한 육성위원회와 자문단의 구성 · 운영 등에 관하여 필요한 사항은 대통령령으로 정한다.[신설 2003.8.6]

제5조 (국제회의 전담조직의 지정 및 설치) [개정 2003.8.6]

① 문화관광부장관은 국제회의산업육성을 위하여 필요한 경우에는 국제회의 전담조직(이하 "전담조직"이라 한다)을 지정할 수 있다.[개정 2001 · 3 · 28][개정 2003.8.6]

② 국제회의시설을 보유 · 관할하는 지방자치단체의 장은 국제회의 관련업무의 효율

적인 추진을 위하여 필요하다고 인정하는 때에는 전담조직을 설치할 수 있다.[개정 2001·3·28][개정 2003.8.6]

③ 제1항 및 제2항의 규정에 의한 전담조직의 지정·설치 및 운영 등에 관하여 필요한 사항은 대통령령으로 정한다.[신설 2003.8.6]

제6조 (국제회의산업육성기본계획의 수립 등) [개정 2003.8.6]

① 문화관광부장관은 국제회의산업의 육성·진흥을 위하여 다음 각호의 사항이 포함되는 국제회의산업육성기본계획(이하 "기본계획"이라 한다)을 수립·시행한다.[개정 2001·3·28][개정 2003.8.6]

1. 국제회의의 유치·촉진에 관한 사항
2. 국제회의의 원활한 개최에 관한 사항
3. 국제회의에 필요한 인력의 양성에 관한 사항
4. 국제회의시설의 설치 및 확충에 관한 사항
5. 그 밖에 국제회의산업의 육성·진흥에 관한 중요사항

② 문화관광부장관은 제1항의 규정에 의한 기본계획을 수립 또는 변경하고자 하는 때에는 육성위원회의 심의를 거쳐야 한다.[개정 2001·3·28][개정 2003.8.6]

③ 문화관광부장관은 국제회의산업육성과 관련된 기관의 장에 대하여 육성계획의 효율적인 달성을 위하여 필요한 협조를 요청할 수 있다.[개정 2001·3·28][개정 2003.8.6]

④ 기본계획의 수립에 관하여 필요한 사항은 대통령령으로 정한다.[개정 2001·3·28][개정 2003.8.6]

제7조 (국제회의 유치·개최 지원) [개정 2003.8.6]

① 문화관광부장관은 국제회의의 유치를 촉진하고 그 원활한 개최를 위하여 필요하다고 인정하는 때에는 국제회의를 유치 또는 개최하는 자에 대하여 지원을 할 수 있다.

② 제1항의 규정에 의한 지원을 받고자 하는 자는 문화관광부령이 정하는 바에 의하

여 문화관광부장관에게 국제회의 유치 또는 개최에 관한 지원을 신청하여야 한다.[전문 개정 2003.8.6]

제8조 (국제회의산업육성기반 조성) [**개정** 2003.8.6]

① 문화관광부장관은 국제회의산업육성기반 조성을 위하여 관계중앙행정기관의 장과 협의하여 다음 각호의 사업을 추진하여야 한다.[신설 2003.8.6]

1. 국제회의시설의 건립
2. 국제회의 전문 인력의 양성
3. 국제회의산업육성기반 조성을 위한 국제협력
4. 인터넷 등 정보통신망을 통하여 수행하는 전자국제회의 기반의 구축
5. 국제회의산업에 관한 정보 및 통계의 수립 · 분석 및 유통
6. 그 밖에 국제회의산업육성기반 조성을 위하여 필요하다고 인정되는 사업으로서 대통령령이 정하는 사업

② 문화관광부장관은 다음 각호의 기관 · 법인 또는 단체(이하 "사업 시행기관"이라 한다)등으로 하여금 국제회의산업육성기반 조성을 위한 사업을 실시하게 할 수 있다.[신설 2003.8.6]

1. 제5조제1항 및 제2항에 의한 전담조직
2. 제14조제1항에 의하여 지정된 국제회의도시
3. 한국관광공사법에 의해 설립된 한국관광공사
4. 고등교육법에 의한 대학 · 산업대학 및 전문대학
5. 그 밖에 대통령령이 정하는 법인 · 단체

제9조 (국제회의시설의 건립 및 운영촉진 등)[**신설** 2003.8.6]

문화관광부장관은 국제회의시설의 건립 및 운영촉진 등을 위하여 사업시행기관이 추진하는 다음 각호의 사업을 지원할 수 있다.

1. 국제회의시설의 건립

2. 국제회의시설의 운영

3. 그 밖에 국제회의시설의 건립 및 운영촉진을 위하여 필요하다고 인정하는 사업으로서 문화관광부령이 정하는 사업

제10조 (국제회의 전문 인력의 교육 · 훈련 등)[신설 2003.8.6]

문화관광부장관은 국제회의 전문 인력의 양성 등을 위하여 사업시행기관이 추진하는 다음 각호의 사업을 지원할 수 있다.

1. 국제회의 전문 인력의 교육 · 훈련

2. 국제회의 전문 인력 교육과정의 개발 · 운영

3. 그 밖에 국제회의 전문인력의 교육 · 훈련과 관련하여 필요한 사업으로서 문화관광부령이 정하는 사업

제11조 (국제협력의 촉진)[신설 2003.8.6]

문화관광부장관은 국제회의산업육성기반 조성과 관련된 국제협력을 촉진하기 위하여 사업시행기관이 추진하는 다음 각호의 사업을 지원할 수 있다.

1. 국제회의관련 국제협력을 위한 조사 · 연구

2. 국제회의 전문인력 및 정보의 국제교류

3. 외국의 국제회의관련 기관 · 단체의 국내유치

4. 그 밖에 국제회의육성기반 조성에 관한 국제협력을 촉진하기 위하여 필요한 사업으로서 문화관광부령이 정하는 사업

제12조 (전자국제회의기반의 확충)[신설 2003.8.6]

① 정부는 전자국제회의기반을 확충하기 위하여 필요한 시책을 강구하여야 한다.

② 문화관광부장관은 전자국제회의기반의 구축을 촉진하기 위하여 사업시행기관이 추진하는 다음 각호의 사업을 지원할 수 있다.

1. 인터넷 등 정보통신망을 통한 사이버 공간에서의 국제회의 개최

2. 전자국제회의 개최를 위한 관리체제의 개발 및 운영

3. 그 밖에 전자국제회의기반 구축을 위하여 필요하다고 인정하는 사업으로서 문화관광부령이 정하는 사업

제13조 (국제회의 정보의 유통촉진)[신설 2003.8.6]

① 정부는 국제회의 정보의 원활한 공급 · 활용 및 유통을 촉진하기 위하여 필요한 시책을 강구해야 한다.

② 문화관광부장관은 국제회의 정보의 공급 · 활용 및 유통을 촉진하기 위하여 사업시행기관이 추진하는 다음 각호의 사업을 지원할 수 있다.

1. 국제회의 정보 및 통계의 수집 · 분석
2. 국제회의 정보의 가공 및 유통
3. 국제회의 정보망의 구축 및 운영
4. 그 밖에 국제회의 정보의 유통촉진을 위하여 필요한 사업으로 문화관광부령이 정하는 사업

③ 문화관광부장관은 국제회의 정보의 공급 · 활용 및 유통을 촉진하기 위하여 필요한 경우에는 문화관광부령이 정하는 바에 따라 관계행정기관 및 국제회의와 관련되는 기관 · 단체에 대하여 국제회의 정보의 제출을 요청하거나 제공할 수 있다.

제14조 (국제회의도시의 지정 등)[신설 2003.8.6]

① 문화관광부장관은 대통령령이 정하는 국제회의도시 지정기준에 적합한 특별시 · 광역시 및 시를 육성위원회의 심의를 거쳐 국제회의도시로 지정할 수 있다.

② 문화관광부장관은 제1항의 규정에 의한 국제회의도시를 지정할 경우에는 지역간의 균형적 발전을 고려하여야 한다.

③ 문화관광부장관은 국제회의도시가 제1항의 규정에 의한 지정기준에 적합하지 아니하게 된 경우에는 육성위원회의 심의를 거쳐 그 지정을 취소할 수 있다.

④ 문화관광부장관은 제1항 및 제3항의 규정에 의한 국제회의도시의 지정 또는 지정취소를 한 때에는 이를 고시하여야 한다.

⑤ 제1항 및 제3항의 규정에 의한 국제회의도시의 지정 및 지정취소 등에 관하여 필요한 사항은 대통령령으로 정한다.

제15조 (국제회의도시의 지원)[신설 2003.8.6]

문화관광부장관은 제14조제1항의 규정에 의하여 지정된 국제회의도시에 대하여는 다음 각호의 사업에 우선 지원할 수 있다.

1. 국제회의도시에서의 관광진흥개발기금법 제5조의 용도에 해당하는 사업
2. 제16조 제2항 각호의 1에 해당하는 사업

제16조 (재정 지원)[신설 2003.8.6]

① 문화관광부장관은 이 법의 목적을 달성하기 위하여 관광진흥개발기금법 제2조제2항 제3호의 규정에 의한 국외여행자의 납부금 총액의 100분의 10에 해당하는 금액의 범위 안에서 국제회의산업육성재원을 지원할 수 있다.

② 문화관광부장관은 제1항의 규정에 의한 예산의 범위 안에서 다음 각호에 해당되는 사업에 소요되는 비용의 전부 또는 일부를 지원할 수 있다.

1. 제5조제1항 및 제2항의 규정에 의한 전담조직의 운영
2. 제7조제1항의 규정에 의한 국제회의 유치 · 개최자에 대한 지원
3. 제8조제2항제2호 내지 제5호에 해당하는 사업
4. 제10조 내지 제13조의 각호에 해당하는 사업
5. 그 밖에 국제회의산업의 육성을 위하여 필요한 사항으로 대통령령이 정하는 사업

③ 제2항의 규정에 의한 지원금의 교부에 관하여 필요한 사항은 대통령령으로 정한다.

④ 제2항의 규정에 의한 지원을 받고자 하는 자는 대통령령이 정하는 바에 의하여 문화관광부장관 또는 제18조의 규정에 의하여 사업이 위탁된 기관의 장에게 지원을 신청하여야 한다.

제17조 (다른 법률과의 관계)

① 국제회의시설의 설치자가 국제회의시설에 대하여 건축법 제8조의 규정에 의한 건축허가를 받은 때에는 동법 제8조제5항 각호의 사항 외에 다음 각호의 허가·인가 등을 받거나 신고를 한 것으로 본다.

1. 하수도법 제20조의 규정에 의한 시설 또는 공작물 설치의 허가
2. 수도법 제36조의 규정에 의한 전용상수도 설치의 인가
3. 전기사업법 제32조의 규정에 의한 자가용 전기설비공사계획의 인가 또는 신고
4. 소방법 제8조제1항의 규정에 의한 건축허가의 동의
5. 폐기물관리법 제30조제2항의 규정에 의한 폐기물처리시설설치의 승인 또는 신고
6. 대기환경보전법 제10조, 수질환경보전법 제10조 및 소음·진동규제법 제9조의 규정에 의한 배출시설 설치의 허가 또는 신고
7. [삭제 2001·3·28]

② 국제회의시설의 설치자가 국제회의시설에 대하여 건축법 제18조의 규정에 의한 사용승인을 얻은 경우에는 동법 제18조제4항 각호의 사항 외에 다음 각호의 검사를 받거나 신고를 한 것으로 본다.

1. 수도법 제37조의 규정에 의한 전용상수도의 준공검사
2. 소방법 제62조의 규정에 의한 소방시설의 완공검사
3. 폐기물관리법 제30조제4항의 규정에 의한 폐기물처리시설의 사용개시 신고
4. 대기환경보전법 제14조, 수질환경보전법 제14조 및 소음·진동규제법 제13조의 규정에 의한 배출시설 등의 가동개시 신고

③ 제1항 및 제2항의 규정에 의한 허가·인가·검사 등의 의제를 받고자 하는 자는 당해 국제회의시설의 건축허가 및 사용승인 신청 시 문화관광부령이 정하는 관계서류를 함께 제출하여야 한다.[개정 2001·3·28]

④ 시장·군수 또는 구청장(자치구의 구청장에 한한다)이 건축허가 및 사용승인 신청을 받은 때 제1항 및 제2항에 해당하는 사항이 다른 행정기관의 권한에 속하는 경우

에는 미리 그 행정기관의 장과 협의하여야 하며, 협의를 요청받은 행정기관의 장은 요청받은 날부터 15일 이내에 의견을 제출하여야 한다.

제18조 (권한의 위탁)

① 문화관광부장관은 제7조의 규정에 의한 국제회의 유치 · 개최의 지원에 관한 업무를 대통령령이 정하는 바에 의하여 법인 또는 단체에 위탁할 수 있다.[개정 2001 · 3 · 28][개정 2003.8.6]

② 문화관광부장관은 제1항의 규정에 의한 위탁을 한 경우에는 해당 법인 또는 단체에 대하여 예산의 범위 안에서 필요한 경비를 보조할 수 있다.[개정 2001 · 3 · 28][개정 2003.8.6]

부칙

이 법은 공포 후 3월이 경과한 날부터 시행한다.

부칙.[2001 · 3 · 28]

이 법은 공포한 날부터 시행한다.

부칙.[2003.8.6]

이 법은 공포 후 6월이 경과한 날부터 시행한다.

국제회의산업육성에 관한 법률 시행령

제정 1997. 4. 4 **대통령령 제**15337**호**
개정 2004. 2. 7 **대통령령 제**18271**호**

제1조 (목적)

이 영은 국제회의산업육성에 관한 법률에서 위임된 사항과 그 시행에 관하여 필요한 사항을 규정함을 목적으로 한다.

제2조 (국제회의의 종류 · 규모)

국제회의산업육성에관한법률(이하 "법"이라 한다) 제2조제1호의 규정에 의한 국제회의는 다음 각호의 1에 해당하는 회의를 말한다.

1. 국제기구 또는 국제기구에 가입한 기관 또는 법인 · 단체가 개최하는 회의로서 다음 각목의 요건을 갖춘 회의

가. 당해 회의에 5개국 이상의 외국인이 참가할 것

나. 회의참가자가 300인 이상이고 그 중 외국인이 100인 이상일 것

다. 3일 이상 진행되는 회의일 것

2. 국제기구에 가입하지 아니한 기관 또는 법인 · 단체가 개최하는 회의로서 다음 각목의 요건을 갖춘 회의

가. 회의참가자중 외국인이 150인 이상일 것

나. 2일 이상 진행되는 회의일 것

제3조 (국제회의시설의 종류 · 규모)

①법 제2조제3호의 규정에 의한 국제회의시설은 전문회의시설 · 준회의시설 · 전시시설 및 부대시설로 구분한다.

② 전문회의시설은 다음 각호의 요건을 갖추어야 한다.

1. 2천인 이상의 인원을 수용할 수 있는 대회의실이 있을 것

2. 30인 이상의 인원을 수용할 수 있는 중 · 소회의실이 10실 이상 있을 것

3. 2천제곱미터 이상의 옥내전시면적을 확보하고 있을 것

③ 준회의시설은 국제회의의 개최에 필요한 회의실로 활용할 수 있는 호텔연회장 · 공연장 · 체육관 등의 시설로서 다음 각호의 요건을 갖추어야 한다.

1. 600인 이상의 인원을 수용할 수 있는 대회의실이 있을 것

2. 30인 이상의 인원을 수용할 수 있는 중 · 소회의실이 3실 이상 있을 것

④ 전시시설은 다음 각호의 요건을 갖추어야 한다.

1. 2천제곱미터 이상의 옥내전시면적을 확보하고 있을 것

2. 30인 이상의 인원을 수용할 수 있는 중 · 소회의실이 5실 이상 있을 것

⑤ 부대시설은 국제회의의 개최 및 전시의 편의를 위하여 제2항 및 제4항의 시설에 부속된 숙박시설 · 주차시설 · 음식점시설 · 휴식시설 · 판매시설 등으로 한다.

제4조 (국제회의산업육성위원회의 구성)

① 법 제4조의 규정에 의한 국제회의산업육성위원회(이하 "육성위원회"라 한다)는 위원장 1인을 포함한 15인 이내의 위원으로 구성한다.

② 육성위원회의 위원장은 문화관광부차관이 되고, 위원은 다음 각호에 해당하는 자 중 문화관광부장관이 위촉하는 자가 된다.

1. 관계 중앙행정기관의 1급 공무원

2. 특별시 · 광역시 및 도의 부시장 및 부지사

3. 국제회의산업에 관한 학식과 경험이 풍부한 자

4. 관련단체가 추천하는 자

제5조 (육성위원회의 회의)

①육성위원회의 위원장은 위원회의 회의를 소집하고 그 의장이 된다.

② 육성위원회의 회의는 재적위원 과반수의 출석과 출석위원 과반수의 찬성으로 의결한다.

제6조 (국제회의산업자문단)

① 법 제4조제2항의 규정에 의한 국제회의산업자문단(이하 "자문단"이라 한다)은 관광관련 전문가중 문화관광부장관이 지명하는 10인 이내의 자문위원으로 구성한다.

② 자문단의 장은 자문위원간의 호선으로 결정한다.

③ 자문위원의 임기는 3년으로 하되, 공무원인 자문위원은 그 직에 있는 동안 재임한다.

제7조 (수당)

육성위원회 및 자문단의 회의에 출석한 위원 및 자문위원에 대하여는 예산의 범위안에서 수당과 여비를 지급할 수 있다. 다만, 공무원인 위원 또는 자문위원이 그 소관업무와 관련되는 회의에 출석하는 경우는 그러하지 아니하다.

제8조 (운영세칙)

이 영에서 규정한 것 외에 육성위원회의 운영에 관하여 필요한 세부사항은 육성위원회의 의결을 거쳐 육성위원회의 위원장이 정한다.

제9조 (국제회의 전담조직의 업무)

법 제5조제1항의 규정에 의한 국제회의 전담조직은 다음 각호의 업무를 담당한다.

1. 국제회의의 유치 및 개최 지원
2. 국제회의산업의 국외홍보
3. 국제회의 관련정보의 수집 및 배포
4. 국제회의 전문인력의 교육 및 수급
5. 법 제5조제2항의 규정에 따라 설치된 전담조직에 대한 지원 및 상호협력
6. 그 밖에 국제회의산업의 육성과 관련된 업무

제10조 (국제회의 전담조직의 지정)

문화관광부장관은 법 제5조제1항의 규정에 따라 국제회의 전담조직을 지정하고자 하는 때에는 육성위원회의 심의를 거쳐야 한다.

제11조 (국제회의산업육성기본계획)

문화관광부장관은 법 제6조의 규정에 의한 국제회의산업육성기본계획을 수립 또는 변경하는 경우에는 국제회의산업과 관련이 있는 기관 또는 단체 등의 의견을 들어야 한다.

제12조 (국제회의산업육성기반 조성사업 및 사업시행기관)

① 법 제8조제1항제6호에서 "대통령령이 정하는 사업"이라 함은 다음 각호의 사업을 말한다.

1. 법 제5조의 규정에 의한 국제회의 전담조직의 육성
2. 국제회의산업에 관한 국외홍보사업

② 법 제8조제2항제5호에서 "그 밖에 대통령령이 정하는 법인 · 단체"라 함은 국제회의산업의 육성과 관련된 업무를 수행하는 법인 · 단체로서 문화관광부장관이 지정하는 법인 · 단체를 말한다.

제13조 (국제회의도시의 지정기준)

법 제14조제1항의 규정에 의한 국제회의도시의 지정기준은 다음 각호와 같다.

1. 지정대상도시안에 국제회의시설이 있고, 당해 특별시 · 광역시 또는 시에서 이를 활용한 국제회의산업육성에 관한 계획을 수립하고 있을 것
2. 지정대상도시안에 숙박시설 · 교통시설 · 교통안내체계 등 국제회의 참가자를 위한 편의시설이 갖추어져 있을 것
3. 지정대상도시 또는 그 주변에 풍부한 관광자원이 있을 것

제14조 (재정지원 등)

법 제16조제2항의 규정에 의한 지원금의 교부는 당해 사업의 추진상황 등을 고려하여 분할하여 지급한다. 다만, 사업의 규모 · 착수시기 등을 참작하여 필요하다고 인정하는 때에는 일시에 이를 지급할 수 있다.

제15조 (지원금의 관리 및 회수)

① 법 제16조제2항의 규정에 따라 지원금을 교부받은 자는 그 지원금에 대하여 별도의 계정을 설치하여 관리하여야 하고, 그 사용실적을 사업종료후 1월 이내에 문화관광부장관에게 보고하여야 한다.

② 법 제16조제2항의 규정에 따라 지원금을 교부받은 자가 법 제16조제2항 각호의 규정에 의한 용도외에 지원금을 사용한 때에는 그 지원금을 회수할 수 있다.

제16조 (권한의 위탁)

문화관광부장관은 법 제18조제1항의 규정에 따라 법 제7조의 국제회의의 유치 · 개최의 지원에 관한 업무를 법 제5조제1항에 의한 국제회의 전담조직에 위탁한다.

부칙 <제18271호,2004.2.7>

이 영은 공포한 날부터 시행한다.

[전문개정 2004.2.7 대통령령 제18271호]

국제회의산업육성에 관한 법률 시행규칙

제정 1997. 5. 12 문화관광부령 제37호
개정 2004. 2. 21 문화관광부령 제87호

제1조 (목적)

이 규칙은 국제회의산업육성에 관한 법률 및 동법시행령에서 위임된 사항과 그 시행에 관하여 필요한 사항을 규정함을 목적으로 한다.

제2조 (국제회의 유치 · 개최 지원신청)

국제회의산업육성에관한법률(이하 "법"이라 한다) 제7조제2항의 규정에 따라 국제회의 유치 · 개최에 관한 지원을 받고자 하는 자는 별지서식의 국제회의지원신청서에 다음 각호의 서류를 첨부하여 법 제5조제1항의 규정에 의한 국제회의 전담조직의 장에게 제출하여야 한다.

1. 국제회의 유치 · 개최 계획서(국제회의의 명칭 · 목적 · 기간 · 장소 · 참가자수 · 소요비용 등을 포함하여야 한다) 1부
2. 국제회의 유치 · 개최 실적에 관한 서류(국제회의를 유치 · 개최한 실적이 있는 경우에 한한다) 1부
3. 지원을 받고자 하는 세부내용을 기재한 서류 1부

제3조 (지원결과보고)

법 제7조의 규정에 따라 지원을 받은 국제회의 유치 · 개최자는 당해 사업이 완료된 후 1월 이내에 법 제5조제1항의 규정에 의한 국제회의 전담조직의 장에게 사업결과보고서를 제출하여야 한다.

제4조 (국제회의시설의 지원)

법 제9조제3호에서 "문화관광부령이 정하는 사업"이라 함은 국제회의시설의 국외 홍보활동을 말한다.

제5조 (전문인력의 교육 · 훈련)

법 제10조제3호에서 "문화관광부령이 정하는 사업"이라 함은 국제회의 전문인력 양성을 위한 인턴사원제도 등 현장실습의 기회제공사업을 말한다.

제6조 (국제협력의 촉진)

법 제11조제4호에서 "문화관광부령이 정하는 사업"이라 함은 다음 각호의 사업을 말한다.

1. 국제회의 관련 국제행사의 참가
2. 국외의 국제회의 관련 기관 · 단체에의 인력파견

제7조 (전자국제회의기반 구축)

법 제12조제2항제3호에서 "문화관광부령이 정하는 사업"이라 함은 전자국제회의의 개최를 위한 국내 · 외 기관간의 협력사업을 말한다.

제8조 (국제회의 정보의 유통촉진)

①법 제13조제2항제4호에서 "문화관광부령이 정하는 사업"이라 함은 국제회의 정보의 활용을 위한 자료의 발간 및 배포를 말한다.

②법 제13조제3항의 규정에 따라 문화관광부장관이 국제회의 정보의 제출을 요청하거나, 이를 제공하는 때에는 그 요청하고자 하는 정보의 구체적인 내용 등을 기재하여 문서로써 하여야 한다.

제9조 (국제회의도시의 지정신청)

법 제14조제1항의 규정에 따라 국제회의도시의 지정을 신청하고자 하는 특별시장 · 광역시장 또는 시장은 다음 각호의 내용을 기재한 서류를 문화관광부장관에게 제출하여야 한다.

1. 국제회의시설의 보유현황 및 이를 활용한 국제회의산업육성에 관한 계획

2. 숙박시설 · 교통시설 · 교통안내체계 등 국제회의 참가자를 위한 편의시설의 현황 및 확충계획

3. 지정대상도시 또는 그 주변의 관광자원의 현황 및 개발계획

4. 국제회의 유치 · 개최 실적 및 계획

제10조 (인 · 허가 등의 의제를 위한 서류제출)

법 제17조제3항에서 "문화관광부령이 정하는 관계서류"라 함은 법 제17조제1항 및 제2항의 규정에 따라 의제되는 허가 · 인가 · 검사 등에 필요한 서류를 말한다.

부칙 <제87호,2004.2.21>

이 규칙은 공포한 날부터 시행한다.

[전문개정 2004.2.21 문화관광부령 제00087호]

참/고/문/헌

1. 국내문헌

강혜원, "컨벤션의 참가결정 속성에 관한 연구", 한림대학교 국제학대학원, 2001.

고석영, "한국 컨벤션산업의 호율적 운영방안에 관한연구", 전주대학교 대학원, 2002.

김성혁, 국제회의산업론, 대왕사, 1995.

김용관 역, 컨벤션경영론, M.L. Weirich, 일신사, 1997.

김종회 · 구인식, "지방도시 국제회의 산업 활성화 방안"(2000년 국제관광학술대회 Proceeding, 2000.

문상희, 컨벤션 산업론, 한올출판사, 2003.

박소연 · 최민우,"국제회의 현황과 활성화 방안에 관한 연구" 관광정보연구, 제9호, 한국관광정보학회 2001.

박오성, "우리나라 국제회의 산업의 육성방안에 관한 연구", 관광정보연구원, 제3호, 한국관광정보학회, 1999.

박창수, "국제회의 개최에 영향을 미치는 변수에 관한 이론적 고찰" 관광정책학연구, 제4권 제1호, 한국관광정책학회, 1999.

신왕근, 현대국제회의산업원론, 백산출판사, 1995.

서승진 · 윤은주, 컨벤션산업론, 영진닷컴, 2002.

석재민, "컨벤션 서비스 중요 속성 및 만족도 연구" 한양대학교 경영대학원 , 2001.

신상준, 관광법규의 이해와 사례분석, 대왕사, 2000.

신혜숙, 컨벤션관리론, 대왕사, 2002.

안경모 · 김영준, 국제회의 실무기획, 백산출판사, 1999.

안경모 · 이광우, 국제회의 기획경영론, 백산출판사, 1999.

유정남, "국제회의 진흥방안에 관한 연구", 경기대학고, 2000.

윤대순, 관광경영학원론, 백산출판사, 1997.

윤성임, "국제회의업의 효율적인 운영방안" 경기대학교, 2000.

윤세목, 국제회의론, 현학사, 2002.

이장춘, 최신관광자원학, 대왕사, 1998.

이항구, 관광학 서설, 백산출판사, 1995.

임주환 · 양덕희, 국제회의의 이론과실제, 2004.

장윤선, "우리나라 컨벤션산업의 육성방안에 관한 연구" 세종대학교 대학원, 2000.

정주영 외, 국제회의 경영론, 학문사, 2001.

최태광, 국제회의 경영론, 기문사, 1999.

최승이 · 한광준, 국제회의산업론,백산출판사, 1997.

한국관광공사, 관광동향에 관한 연차보고서, 2005

________, 국제회의 개최현황, 2005.

________, 국제회의운영요령, 2004.

황희곤 · 김성섭, 미래형 컨벤션산업론, 2003.

2. 국외문헌

Astroff, M. T., & Abbey, J. R.(1998). Convention Management & Service. AH & MA

Adams, M., "Luxury Express," Successful Meeting, 1991.

Bernstein, J. (1990). The 10 Step of Crisis Management, 34, pp. 75-76

Bonn, M. A., Furr, H. L., & Susskind, A. M. (1998). Using the Internet as a pleasure travel planning tool: An examination of the sociodemographic and behavioral characteristics among internet users and nonusers. Journal of Hospitality & Tourism Research, 22(3), pp.303-317

Botha, C., Crompton, J. L., & Kim, s. (1999). Developing a revised competitive position for Sun/Lost City, south Africa. Journal of Travel Research, 37(May), pp. 341-352.

Bruner, R. E., & US Web Corporation. (1998). Net results. Indianapolis, IN: Hayden Books.

Burnett, J. J. (1998). A Strategic Approach to Managing Crisis. Public Relations Review, 24, pp. 475-488

Chon, K., Evans, M, R., & Kim, C. (1991). Marketing your community: Image analysis in Norfolk. Cornell Hotel and Restaurant Administration Quarterly, 31(3), pp. 31-37.

Clark, D., Price, C. H., & Murrmann, S. K. (1996). Buying centers: chooses convention sites, Cornell Hotel and Restaurant Administration Quarterly, August, pp. 72-76.

CIC (2000). The convention industry council manual. 7th ed. McLean, Virginia: CIC.

Connolly, D. J., Olsen, M. D., & Moore, R. G. (1998). The Internet AS A distribution channel. Cornell H.R.A. Quarterly, 34(9), pp. 42-54.

Colin, J., "Successful Meetings Ⅱ," First Priority, 1990.

Crouch, G. L., & Ritchie, J. R. B. (1998). Convention site selection research: A review, conceptual model, and propositional framework. Journal of Convention and Exhibition Management, 1(1), pp. 49-69.

Crystal, S. "Conference Centers Reach Out," Meeting and Conventions, 1989.

Dann, G. M. S.(1998). Tourist motivation: An appraisal. Annals of Tourism Research, 8(2), pp. 187-219.

Diamond, C. (2000, November). CVB imperative: Improve service or perish. Meeting News, http://www.meetiongnews.com

Duke, C. R. & Persia, M. A. (1996). Performance-Importance Analysis of Escorted Tour Evaluations. Journal of Travel and Tourism Marketing, 3, pp. 207-223

Ennew, C. T., Reed, G. V., & Binks, M. R. (1993). Importance-performance analysis and the measurement of service quality. European Journal of Marketing, 27(2), pp. 59-70.

Falkner, D.E., H. Berberoglu & J.D. Shaw, Convention and Banquet Mana-gement, Toronto, Ontario Canada, 2nd Edition, Delta's Chelsea Inn, To-ronto, 1988.

Fenich, G. G. (1995). Convention center operation: Some questions answered. International Journal of Management, 14(3/4), pp. 311-324.

Forrest, L. C., Training for the Hospitality Industry, 2nd edition, East Lansing, Mich.: Educational Institute AH & MA, 1990.

Friedmann, s. (1999). Building Exhibitor Relationships: Keep your eye on the long term. Convene (May)

Gartrell, R. B. (1992). Convention and visitor bureaus: Current issues in management and marketing. Journal of Travel and Tourism Marketing, 1(2), pp. 71-78.

Gartrell, R. B. (1994). Destination marketing for convention and visitor bureaus (2nd ed.). Dubuque, IA: Kendall/Hunt Publishing.

Getz, D. (1997). Event Management and Event Tourism. Cognizant Communication Cooperation

Gartrell, R., "Convention & Visitors Bureau: Current Issues in Management and Marketing," Journal of Travel & Tourism Marketing, Vol. 1, No. 2, 1992.

Guadagnolo, F. (1995). The importance-performance analysis: An evaluation and marketing tool. Journal of Park and Recreation Administration, 3, pp. 13-22.

Haigh, S. & R.W. Hudson, Understanding Conference Centers, Fenton, Mo.: IAAC, 1989.

Hollenhorst, s., Olson, D., & Fortney, R (1992). Use of importance-performance analysis to evaluate state park cabins: The case of the West Virginia State Park System. Journal of Park and Recreation Administration, 10)Spring), pp. 1-11.

Howe, J. T., Esq. Howe &Hutton, Ltd., MPI Legal Counsel: A Special Report for Meeting Professionals-The Impact of The September 11, 2001 Attack on

America on Meetings and Events, (2001).

Hoyle, L. H., Dorf, D. C., & Jones, T. J. A. (1989). Managing conventions and group business. The Educational Institute of the AH & MA.

International Communication Inc, Congress & Convention, 1987.

IACVB, General Information, 1990.

Ismail, A. (1999). Catering sales and convention service. Delmar Publishers Inc.

Johnson, L., Foo, L. M., & O'Halloran, M. (1999)Meetings make their mark: Characteristics and economic contribution of Australia's meetings and exhibitoins sector. Occasional Paper No. 26, BTR, Canberra.

Jun, J., & McCleary, K. W. (1999). Classifying US assiciation meeting planners based on international destination selection sriteria: A case study of South Korea. International Journal of Hospitality Management, 18, pp. 183-199.

Kim, S.S, Lee, C., & Klenosky, D.(2003). The influence of push and pull factors at Korean National Parks. Tourism Management, 24(2)

Martilla, J., & James, J. C.(1977). Importance-performance analysis. Journal of Marketing, 41(1), pp. 13-17.

McCabe, V., Poole, B., Weeks, P., & Leiper, N.(2000). The business and management of conventions. John Wiley & Sons.

Meeting News (2000, July). Meeting planners guide to using the web. Meeting News. pp. 3-42.

Meetings & Conventions(1996). The Meetings Market Study. Secaucaus, NJ: Cahners Business Information.

Merriam-Webster' s Collegiate Dictionary(1994). 10th ed. Springfield, Mass: Merriam-Webster, Inc.

Mitroff, I. I., Pearson, C. M., Clair, J. A., & Misra, S. K. (1997). Managing the Unthinkable. Organizational Dynamics, 26, pp. 51-64.

Montgomery, J.R. & K.S. Strick, Meeting, Conventions and Expositions, 1995.

Morrison, A., S. Bruen & D. Anderson, "Convention and Visitor Bureaus in the USA: A Profile of Bureaus, Bureau Executives and Budgets." Ideas & Trends, 1997, hotel-online.com.

Montgomery, J. R., & Strick, K. S. (1995). Meeting, convention and exposition: An introduction to the industry. New York, NY: Van Nostrand Reinhold.

Morrison, A. M., Bruen, S. M., & Anderson, D. J. (1998). Convention and Visitor Bureaus in the USA: A profile of Bureaus, Bureau Executives, and Budgets. Journal of Travel and Tourism Marketing, 7(1), pp. 1-19.

Morrow, S. L. (1997). The Art of the Show. Dallas, Texas: IAEM Foundation.

Morrow, S. L. (2001). 한림대 국제학대학원 특별 초청강의자료.(2001, 11/20~11/23).

MPI (2000). Risky Business Platnum Series. www.mpiweb.org

Newman, R. (1993), CVBs and the corporate planner. Meetings & Conventions, 28(6), Part Ⅱ, p. 14.

Oh, K. (2001). Revisiting importance-performance analysis. Tourism Management, 22, pp. 617-627.

Oppermann, M. (1996). Convention destination images: Analysis of association meeting planners' perceptions. Tourism Management, 17(3), pp. 175-182.

Oppermann, M., & Chon, K. (1996). Convention participation decision-making process. Annals of Tourism Research, 24(1), pp. 178-191.

Oxford Advanced Learner' s Directory of Current English (1984).

Parasuraman, A., Zeithaml, V., & Berry, L., (1985). A conceptual model of service quality and its implications for future research. Journal of Marketing, 49, pp. 41-50.

Pearson, C. M., & Clair, J. A. (1998). Reframing Crisis Management. The Academy of

Management Review, 23, pp. 59-76.

Penrosea, J. M. (2000). The Role of Perception in crisis planning. Public Relations Review, 26, pp. 155-171.

Penrosea, J. M., Rasberry, R, W., & Myers, R, J. (1997). Advanced Business Communication (3rd ed.), Cincinnati, OH: South-Western College Publishing, pp. 277-287.

PCMA(Professional Convention Management Association), Introduction to Meeting Management, Penny C. Dotson, 1998.

PCMA(Professional Convention Management Association), The Professional Meeting Manager, Birmingham, Alabama: 1985.

Rengaghan, L. M., & Kay, M. Z. (1987). What meeting planners want: The conjoint-analysis approach. The Cornell Hotel and Resaurant Administration Quarterly, 34(1), pp. 68-80.

Ries, A., & Trout, J.(1982). Positioning: The Battle for Your Mind. New York: McGraw Hill.

Roger, A. K., & William, L. C. (2000). Assessing Trade show functions and performance. Journal of Marketing, 51, pp. 87-94.

Robert, G.S., Planning and Marketing Conferences and Workshop, Tips, Tools and Techniques, Jossey-Bass, Sanfrancisco, 1990.

Rutherford, D.G., Introduction to the Conventions, Expositions and Meetings Industry, New York: Van Nostrand Reinhold, 1990.

Ruthford, D. G. (1990). Introduction to the convention, exposition and meetings industry. NY: Van Nostrand Reinhold.

Shrivastava, P., Mitroff, I. I., Miller, D., & Miglani, A. (1998). Understanding Industrial Grises, Journal of Management Studies, 25, pp. 285-297.

Successful Meetings(2001, January). State of Industry. Meetings. http://www.successmtgs.com.Taylor and Baker(1994).

Vosco, M. (1992). The convention and meeting planner's handbook. Washington, D.C.: Heath and Company.

Weber, K. (2000). Meeting planner's use and evaluation of convention and visitor bureaus. Tourism Management, 22, pp. 599-606.

Weldy, A. L. (1994). The Step Progam, Self-Paced Training for the Exposition Professional. IAEM Module IX: Crisis Prevention.

Weirich, M. L. (1992). Meetings and conventions management. Delmar Publishers Inc.

Zeithaml, V. A., Parasurman, A., & Berry, L. L. (1990). Delivering Quality Service: Balance Customer Perceptions and Expectations. New York, NY: The Free press.

http://www.hkcec.com.hk.

인/덱/스

ㄱ

ㅎ

김 봉 규(金 鳳 奎)

경기대학교 관광경영학과 졸업(경영학 학사)
경기대학교 대학원 관광경영학과 졸업(경영학 석사)
경기대학교 대학원 관광경영학과 졸업(경영학 박사)
경기대학교 관광경영학과 강사
대구전문대학 관광과 강사
강원대학교 관광경영학과 강사
숭의전문대학 관광경영과 강사
한국산업경제연구원 : 초청 연구원
전북 숙박 종사원 자격시험 면접 및 출제위원
계룡 신도시 관광개발 구상 및 기본계획 자문위원
교육부 교육과정심의회 가사실업계열 관광소위원회 위원
광주광역시 관광호텔 등급심의위원
한국관광진흥연구원 이사
한국관광학회 이사
대한관광경영학회 이사
대한관광경영학회 부회장 역임
한국여행학회 이사 역임
관광품질시스템학회 수석 부회장
전북산업대학교 경영대학 학부장 역임
호원대학교 관광학부장 역임
호원대학교 관광레저학부장 역임
한국관광정책학회 호남지부 회장
전주대학교 국제 · 경영대학원 관광경영학과 강사
호원대학교 학생지원처장 역임
현) 한국호텔경영연구소 연구위원
한국호텔경영학회 전북지역총괄이사
호원대학교 관광대학장
호텔관광학부 교수

[저서]

호텔 인사관리론, 백산출판사, 1995.
한국관광학원론, 학서당, 1996.
신호텔인사관리론, 백산출판사, 1998.
현대인과 여가, 호원대학교출판부, 김봉규 외 3인 공저, 2000.
신호텔경영론, 도서출판 새로미, 2003.
새로운 관광학의 이해, 도서출판 새로미, 2003.
신호텔경영론, 도서출판 새로미, 2003.

[논문]

관광호텔기업의 인사관리 합리화 방안에 관한 연구
한국관광호텔의 숙박환경에 관한 연구
한국관광호텔의 인사고과제도 평가에 관한 실증적 연구
관광호텔의 인사관리 효율성 평가방법에 관한 실증적 연구
관광호텔 종사원의 직무만족에 관한 실증적 연구 외 다수

컨벤션 산업론

● 발행일

2006년 6월 30일 초 판 발행

2008년 2월 25일 2판 1쇄 개정판 발행

● 저 자

김 봉 규

● 발행인

한 인 환

● 발행처

도서출판 **기 문 사**

서울시 동대문구 용두2동 730-4번지 홍신빌딩 3층

대표전화 : 02) 2265-7214/922-8662~8663

팩시밀리 : 02) 922-8772

homepage : www.kimoonsa.co.kr

e-mail : book@kimoonsa.co.kr

등 록 : 1978. 8. 9. NO. 6-0637

ISBN : 978-89-7723-346-1 93340

〈정가 : 14,000원〉